Eva Danner

Krippenkinder machen Kunst

... mit kreativen Techniken!

50 Aktionen zum Schnippeln, Drucken und Malen

Verlag an der Ruhr

Titel
Krippenkinder machen Kunst – mit kreativen Techniken!
50 Aktionen zum Schnippeln, Drucken und Malen

Autorin
Eva Danner

Titelbildmotive und Fotos
Eva Danner

Verlag an der Ruhr
Mülheim an der Ruhr
www.verlagruhr.de

Geeignet für Kinder von 1–3 Jahren

Unser Beitrag zum Umweltschutz:
Wir sind seit 2008 ein ÖKOPROFIT®-Betrieb und setzen uns damit aktiv für den Umweltschutz ein. Das ÖKOPROFIT®-Projekt unterstützt Betriebe dabei, die Umwelt durch nachhaltiges Wirtschaften zu entlasten. Unsere Produkte sind grundsätzlich auf chlorfrei gebleichtes und nach Umweltschutzstandards zertifiziertes Papier gedruckt.

Urheberrechtlicher Hinweis:
Das Werk und seine Teile sind urheberrechtlich geschützt. Jede Verwendung in anderen als den gesetzlich zugelassenen Fällen bedarf der vorherigen schriftlichen Einwilligung des Verlages. Der Verlag untersagt ausdrücklich das Herstellen von digitalen Kopien, das digitale Speichern und Zurverfügungstellen dieser Materialien in Netzwerken (das gilt auch für Intranets von Schulen und sonstigen Bildungseinrichtungen), per E-Mail, Internet oder sonstigen elektronischen Medien außerhalb der gesetzlichen Grenzen. Keine gewerbliche Nutzung. Zuwiderhandlungen werden zivil- und strafrechtlich verfolgt.
Bitte beachten Sie die Informationen unter www.schulbuchkopie.de.
Soweit in diesem Produkt Personen fotografisch abgebildet sind und ihnen von der Redaktion fiktive Namen, Berufe, Dialoge u. Ä. zugeordnet oder diese Personen in bestimmte Kontexte gesetzt werden, dienen diese Zuordnungen und Darstellungen ausschließlich der Veranschaulichung und dem besseren Verständnis des Inhalts.
Trotz sorgfältiger inhaltlicher Kontrolle kann keine Haftung für die Inhalte externer Seiten, auf die mittels eines Links verwiesen wird, übernommen werden. Für den Inhalt der verlinkten Seiten sind ausschließlich deren Betreiber verantwortlich.

© Verlag an der Ruhr 2016
ISBN 978-3-8346-3122-0
Printed in Germany

Inhaltsverzeichnis

5 | Ein paar Worte vorab ...
9 | Materialien selbst herstellen

1 Freies Basteln
11 | Einführung
12 | Malen mit Buntstiften
13 | Malen mit Wachsmalstiften
14 | Erstes Schneiden mit der Kinderschere
15 | Kleisterbilder
16 | Papiercollagen

2 Malen
17 | Einführung
18 | Wachsfrottage
19 | Wasserfarbenzauberei
20 | Pipettenmalerei
21 | Zuckerkreidenspaß
22 | Aquarellmalerei

3 Sinnliches Gestalten
23 | Einführung
24 | Farbenfrohe Duftwerke
25 | Kneten, Formen & Modellieren
26 | Magischer Sand
27 | Filzen mit Wasser und Seife
28 | Ton sehen, riechen & fühlen

4 Gestalten mit Papier
29 | Einführung
30 | Eichhörnchen im Herbstlaub
31 | Entenvater mit echten Federn
32 | Fliegende Hummel
33 | Freundlicher Nikolaus
34 | Fröhlicher Marienkäfer

5 Handabdrücke
35 | Einführung
36 | Lustiger Krebs
37 | Kunterbunte Raupe
38 | Lachendes Gesicht
39 | Kleiner Schneehase
40 | Zebra mit „Fingerstreifen"

Inhaltsverzeichnis

6 Besondere Drucktechniken
- 41 | Einführung
- 42 | Auto-Technik
- 43 | Klapp-Technik
- 44 | Murmel-Technik
- 45 | Rollen-Technik
- 46 | Schwamm-Technik

7 Alltagsmaterialien
- 47 | Einführung
- 48 | Schmetterlinge aus Filtertüten
- 49 | Faschingsclown mit Flaschendeckel
- 50 | Fledermaus mit Wattestäbchen
- 51 | Mädchen mit Trinkhalmen
- 52 | Tausendfüßer aus Wattestäbchen

8 Naturmaterialien
- 53 | Einführung
- 54 | Hubschrauber mit Ahornsamen
- 55 | Dackel mit Naturmaterialien
- 56 | Moosfrosch & Rindenkröte
- 57 | Huhn & Hahn
- 58 | Klapperstorch mit Stöckchen und Federn

9 Rollen, Schachteln & Co.
- 59 | Einführung
- 60 | Bunter Meeresfisch
- 61 | Förster Felix
- 62 | Weihnachtskerzen
- 63 | Indianerjunge
- 64 | Kleines Watteschaf

10 Wattepads
- 65 | Einführung
- 66 | Flauschiger Schneemann
- 67 | Schwarzweiße Kuh
- 68 | Schwimmende Qualle
- 69 | Kleiner Vogelanhänger
- 70 | Glücksschweinchen

- 71 | Medientipps

Ein paar Worte vorab …

Räume für Kreativität

Kreativität bezeichnet eine schöpferische Fähigkeit, bei welcher man aus eigener Kraft etwas Neues, Individuelles erschaffen kann. Hierbei spielt die Wahrnehmung der Umwelt eine zentrale Rolle. Die Möglichkeiten sind vielfältig und die verschiedensten Materialien und Techniken bieten ein schier endloses Spektrum an immer neuen Ideen und Gestaltungsmöglichkeiten.
Sehen Sie **Kreativität** als eine wesentliche Kompetenz in der Entwicklung der Kinder, die im Zusammenhang mit Bildungs- und Lernprozessen zu sehen ist und dementsprechend gefördert werden sollte. Kreativität macht unsere Welt bunt und farbenfroh und lädt zu einer aktiven Auseinandersetzung ein.

Schon Kinder unter drei Jahren zeigen großes Interesse daran, kreativ tätig zu sein. Ihre Offenheit und Neugier, Fantasie und Vorstellungskraft weisen auf ein großes kreatives Potenzial hin, welches es zu unterstützen und zu fördern gilt.

Ausprobieren und Experimentieren sind dabei ebenso wichtig wie das Kennenlernen von einfachen Techniken, die Materialerfahrung und der Umgang mit Hilfsmitteln, wie Pinsel, Schere, Farbrollen oder Schwämmen. Der Spaß sollte dabei immer an erster Stelle stehen. Die Freude am eigenen Tun steht im Fokus und lustbetontes Arbeiten und Ausprobieren sind die Grundlagen einer jeden kreativen Tätigkeit.

Um Ihren Jüngsten die Möglichkeit zum kreativen Schaffen zu bieten, sollten Sie ihnen **Impulse**, **Zeit** und **Raum** geben und die angebotenen **Materialien** sorgfältig auswählen.

Sorgen Sie dafür, dass die Kinder ausreichend **Platz** haben, um kreativ tätig zu sein. Ein heller, gut beleuchteter Raum stellt einen optimalen **Arbeitsplatz** dar. **Ein niedriger Tisch** kann dabei ebenso Verwendung finden wie eine kindgerechte Staffelei.

Schützen Sie den Arbeitsplatz vor Verschmutzungen. Ob Sie **abwaschbare Wachs- oder Plastikdecken**, **Zeitungspapier** oder andere **Unterlagen** verwenden, bleibt Ihnen überlassen.
Doch nicht nur den Arbeitsplatz sollten Sie vor Farbspritzern und Kleisterflecken schützen, sondern auch die Kleidung der Kinder. Hierzu werden spezielle, abwaschbare **Malerkittel** für Kinder unter drei Jahren im Fachhandel angeboten.

Gut ist es, wenn ein **Wasseranschluss** in der Nähe ist, um Pinsel zu säubern, frisches Wasser zum Malen zu holen oder die Hände zu waschen.

Bieten Sie den Kindern frei zugängliche Materialien für das **Freispiel** an, welche sie jederzeit selbstständig nutzen können.

Es gibt auch Materialien, welche ausschließlich für **angeleitete Beschäftigungen** zur Verfügung stehen. Diese sollten Sie separat aufbewahren. Hierzu zählen bestimmte Farben, spezieller Klebstoff oder auch Materialien, mit deren Handhabung die Kleinen noch nicht vertraut sind, beispielsweise Märchenwolle, Ton und Ähnliches.

Ein paar Worte vorab …

Um Kinder an neue Materialien und Techniken heranzuführen, sollten Sie ihnen immer ausreichend **Zeit zum Ausprobieren** geben und ihnen unterstützend zur Seite stehen.

Je jünger die Kinder sind, umso mehr steht das Tun im Vordergrund. Ganz nach dem Grundsatz *„Der Weg ist das Ziel"* probieren die Kleinen aus, experimentieren und machen sich auf ihre ganz eigene Weise mit den Dingen vertraut. Sind alle Farben einmal ausprobiert, ist das fertige Bild gar nicht mehr so interessant. Je älter die Kinder jedoch werden, umso wichtiger ist auch das Ergebnis. Schon 2-Jährige freuen sich riesig über ihr gemaltes oder gebasteltes Werk und zeigen es stolz Mama oder Papa. Sie erkennen ihre Werke wieder und wissen meist genau, welches der Bilder ihr eigenes ist.

Ermutigen und loben Sie die Kinder für ihr Tun. Ihre Anerkennung animiert die Kleinen zu neuem Ausprobieren und Handeln. Eigene Erfolgserlebnisse stärken das Selbstwertgefühl und regen zum „Kreativsein" an.

Materialien und Techniken in diesem Buch

In diesem Buch kommen verschiedenste Materialien und Techniken zum Einsatz, welche ich Ihnen im Folgenden kurz erläutern möchte:

Freies Gestalten:
Hierbei können sich die Kinder ausprobieren und mit den Materialien vertraut machen. Die vielfältigen, frei zugänglichen Materialien laden dazu ein, eigenen Impulsen nachzugehen.

Malen:
Verschiedenste Farben kommen hier zum Einsatz. Wasser- und Fingerfarben, Kreide und Wachsstifte, die Möglichkeiten sind vielfältig. Es kann im Stehen an einer Staffelei oder im Sitzen an einem niedrigen Tisch gemalt werden. Auch die hierzu angebotenen Utensilien sind vielseitig und Sie können zwischen verschiedenen Pinseln, Schwämmen, Farbrollen und anderen Dingen wählen. Je mehr Erfahrungen Ihre Jüngsten hierbei sammeln können, umso besser.

Plastisches und sinnliches Gestalten:
Hier werden die Sinne der Kinder auf vielfältige Weise angeregt. Das Material (z. B. Ton, Wolle oder Knete) kann mit den Händen gefühlt und erspürt werden. Es riecht angenehm und regt zum Ausprobieren und Experimentieren an.

Ein paar Worte vorab …

Gestalten mit Papier:
Einfache Bastelvorschläge mit verschiedenen Papierarten können schon von Kindern unter drei Jahren umgesetzt werden und sie lernen die Eigenschaften und die Handhabung diverser Papiere ganz nebenbei kennen.

Handabdrücke:
Mit Finger- und Handabdrücken kann man tolle Bastelideen umsetzen und, mit etwas Papier und Pappe kombiniert, entstehen wunderschöne, individuelle Kunstwerke.

Besondere Drucktechniken:
Es gibt einfache Techniken, welche sich bereits mit Krippenkindern mühelos umsetzen lassen und interessante Muster und Farbverläufe erzielen.

Alltagsgegenstände:
Tolle Kunstwerke entstehen auch aus Papier kombiniert mit Alltagsgegenständen, welche meist in jedem Haushalt und jeder Einrichtung zu finden sind. Ob Trinkhalme, Flaschendeckel, Wattestäbchen und Ähnliches: Die Materialien sind kostengünstig und setzen Akzente.

Naturmaterial:
Die Natur bietet eine immense Vielfalt an Früchten, Stöcken, Moos und anderen Dingen, mit denen man wunderbar kreativ tätig sein kann. Ein ausschließliches Basteln mit diesen Materialien ist für Kinder unter drei Jahren nur bedingt möglich. Aber in Kombination mit Papier lassen sich viele Bastelideen schon mit Krippenkindern umsetzen. Außerdem ist bereits das Sammeln von Zapfen, Eicheln & Co. ein Erlebnis.

Rollen und Schachteln:
Schachteln, Toilettenpapier- oder Küchenrollen müssen nicht weggeworfen werden. Mit Farbe und Pinsel werden die Rollen und Schachteln bunt und kombiniert mit anderen Materialien, wie Märchenwolle oder Bastelfedern, können die Kinder Tiere und Figuren herstellen.

Wattepads:
Wattepads sind weich und flauschig und lassen sich prima mit Wasserfarben einfärben. In Kombination mit etwas Wolle, Federn und Papier können die Kinder daraus einfache Motive herstellen.

WICHTIGER HINWEIS:
Bei manchen Kreativangeboten wird **Heißkleber** verwendet. Dieser darf nicht in die Hände von Kindern gelangen.
ACHTUNG: Arbeiten mit Heißkleber müssen immer von Ihnen ausgeführt werden!

Es gibt unendlich viele Möglichkeiten, um mit Ihren Jüngsten kreativ tätig zu sein. Probieren Sie es aus, seien Sie selbst experimentierfreudig und wagen Sie sich an neue und unbekannte Materialien heran. Sie werden staunen, mit wie viel Begeisterung bereits Kinder unter drei Jahren diese Angebote wahrnehmen. Neben dem Spaß und der Freude werden die Feinmotorik und die Auge-Hand-Koordination der Kinder ganz nebenbei gefördert. Sie konzentrieren sich und setzen sich intensiv mit ihrer Umwelt auseinander.

Ein paar Worte vorab …

So arbeiten Sie mit dem Buch

Die **zehn vorgestellten Kapitel** sollen Ihnen Anregungen und Umsetzungshilfen geben und die Lust am kreativen Arbeiten wecken. Sie können jederzeit eigene Ideen und Vorstellungen mit einbringen und, entsprechend den Bedürfnissen Ihrer Kinder, Angebote verändern oder ergänzen. Alle Ihnen vorgestellten Ideen sind bereits mehrfach in der Praxis erprobt.

Es gibt Inhalte, bei welchen die Kleinen eigenständig ausprobieren und experimentieren können. Das **Tun als solches** ist von zentraler Bedeutung, auch unter Miteinbeziehung anderer Sinne, wie Riechen und Fühlen.

Bei anderen Inhalten gestalten die Kleinen Tiere, Figuren oder andere Dinge, die mit einfachen Schritt-für-Schritt-Anleitungen kinderleicht gelingen. Hierbei wird ein **fertiges „Kunstwerk"** hergestellt, welches auch als solches zu erkennen ist. Das Endprodukt ist hierbei von Bedeutung.

Ganz gleich welche Inhalte Sie umsetzen möchten, wichtig ist, den Kindern den **Spaß** am kreativen Gestalten zu vermitteln, sie zu fordern, aber nicht zu überfordern und ihnen die Möglichkeit zu geben, neue Materialien und Techniken kennenzulernen und sich intensiv damit auseinanderzusetzen.

Ich wünsche Ihnen viel Spaß beim Ausprobieren!
Eva Danner

Kurzvita

Eva Danner arbeitet als staatlich anerkannte Erzieherin mit Kindern im Alter von 1–3 Jahren. Neben einer liebevollen Betreuung ist ihr die Förderung der Kinder dieser Altersgruppe ein großes Anliegen.

Weitere Bücher der Autorin finden Sie in den Medientipps auf S. 71.

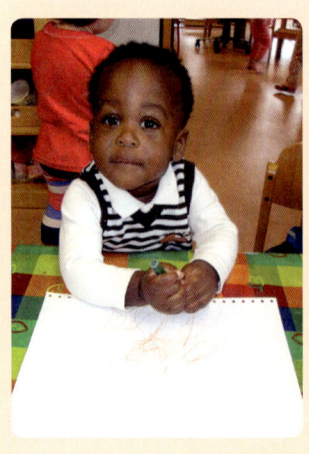

Materialien selbst herstellen

Einige Materialien für das Gestalten mit Krippenkindern können Sie leicht selbst herstellen. Dies hat den Vorteil, dass Sie genau wissen, was enthalten ist.

Einfache Fingerfarbe

Das brauchen Sie für die Fingerfarbe:
- 100 ml kaltes Wasser
- 75 g Mehl
- Lebensmittelfarben
- Rührgefäß
- kleine Schüsseln
- Schneebesen
- Löffel

So stellen Sie die Fingerfarbe her:
Messen Sie das Wasser ab und füllen Sie das Mehl in eine Schüssel. Rühren Sie nach und nach mit dem Schneebesen das Wasser hinein und achten Sie darauf, dass sich eventuelle Klumpen auflösen. Je nach Konsistenz geben Sie noch etwas Wasser oder Mehl hinzu. Es soll eine dickflüssige Masse entstehen.
Verteilen Sie nun die Masse auf verschiedene Schälchen und färben Sie die einzelnen Portionen mit Lebensmittelfarbe ein. Je nachdem, ob Sie Pulver oder Paste verwenden, benötigen Sie mehr oder weniger Farbe.

Gekochte Fingerfarbe

Das brauchen Sie für die Fingerfarbe:
- 500 ml kaltes Wasser
- 50 g Stärkemehl
- 3 Esslöffel Zucker
- Lebensmittelfarben
- Topf
- kleine Schüsseln
- Schneebesen
- Löffel

So stellen Sie die Fingerfarbe her:
Messen Sie 400 ml Wasser in einen Topf ab und bringen Sie es mit dem Zucker zum Kochen. Rühren Sie in einem separaten Gefäß die Stärke mit dem restlichen Wasser an und gießen Sie sie zum kochenden Wasser. Lassen Sie alles bei niedriger Hitze mindestens 1 Minute unter Rühren kochen.
Nun geben Sie das dickflüssige Gemisch in verschiedene Schüsseln und rühren die Lebensmittelfarbe unter. Die Menge hängt von Ihren Vorlieben und der Konsistenz der Farbe ab. Nach dem Abkühlen können die Kinder mit dem Malen loslegen!

GUT ZU WISSEN:
Sie können auch das Wasser durch stark gefärbten Saft ersetzen, z. B. Rote-Bete-Saft, Karottensaft. Dann benötigen Sie keine Lebensmittelfarbe.
Gelb lässt sich gut mit Kurkumapulver (Gelbwurz) herstellen. Aber Achtung: Dies lässt sich aus Kleidung kaum entfernen!

Materialien selbst herstellen

Knetmasse

Das brauchen Sie für die Knetmasse:

- 125 ml Zitronensaft
- 2 ½ Teelöffel Zitronensäure (Apotheke)
- 5 Esslöffel Salz
- 325 ml Wasser
- 800 g Mehl
- 5 Esslöffel Öl
- Lebensmittelfarben
- Sieb
- große Schüssel
- kleine Gefäße mit Deckel
- Schneebesen
- Löffel

So stellen Sie die Knetmasse her:

Vermischen Sie in der großen Schüssel Zitronensaft mit Zitronensäure und Salz. Sieben Sie dann das Mehl hinein und verrühren Sie alles mit dem Schneebesen. Rühren Sie nun abwechselnd Wasser und Öl hinein, sodass eine geschmeidige Masse entsteht. Kneten Sie alles mit den Händen noch etwas weiter durch. Nun teilen Sie den Teig in Portionen ein und färben diese einzeln mit den Lebensmittelfarben.
Hier können die Kinder ggf. schon mitmachen.
Die Knetmasse können Sie in den Gefäßen im Kühlschrank einige Wochen aufbewahren.

Freies Basteln

Einführung

Geben Sie den Kindern die Möglichkeit, während des Freispiels kreativ tätig werden zu können. Bieten Sie ihnen Materialien an, welche sie selbstständig nutzen können. Auf diese Weise findet ein erstes Heranführen an kreatives Gestalten statt und die Kleinen können eigenen Impulsen nachgehen. Eine mögliche Auswahl können Holz- und Wachsmalstifte sein, Scheren, Kleister, Pinsel, Wolle, verschiedene Papierarten (Glanzpapier, Tonpapier, Transparent- oder Faltpapier …), leere Toilettenpapierrollen oder kleine Schachteln und Röhren.

Es sollte immer ein ansprechendes und abwechslungsreiches Materialangebot vorhanden sein. Ein **überschaubares Angebot** animiert, überfordert die Kleinen jedoch nicht. Sie können auch variieren und manche Dinge von Zeit zu Zeit gegen andere austauschen. Bei der Papierauswahl ist es von Vorteil, zusätzlich verschieden breite Streifen anzubieten, mit denen die Kinder erste Schneideerfahrungen sammeln können. Stücke in unterschiedlichen Farben abzuschneiden, um sie anschließend mit Tapetenkleister auf einen Papierbogen aufzukleben, begeistert schon Krippenkinder ungemein.

Das angebotene Bastelmaterial sollte für die Kleinen **gut zu erreichen** und übersichtlich angeordnet sein. Hier gibt es eine vielseitige Möbelauswahl: offene Regale, einsehbare Schränke, rollbare Kreativwägen und Ähnliches. Sicher finden Sie etwas Passendes für Ihre Räumlichkeiten. Kisten, Kartons, Materialschalen und andere Behälter helfen dabei, die Dinge zu ordnen und sich im Angebot zurechtzufinden.

Die für das Freispiel zur Verfügung stehenden Materialien sollten idealerweise offen und direkt zu sehen sein. Dies regt die Kleinen an, sich mit den Dingen auseinanderzusetzen. In Schubladen oder geschlossenen Schränken oder Fächern aufbewahrte Dinge können schnell vergessen werden, da die Kinder sie schlichtweg nicht sehen.

■ Gemeinsam wird geklebt, gemalt und geschnitten.

Ein dauerhaft eingerichteter „Kreativtisch" mit Plastiktischdecke in der Nähe erleichtert die Arbeit. **Begleiten Sie Ihre Jüngsten** und stehen Sie ihnen, wenn gewünscht, mit Rat und Tat zur Seite.

Beim Malen mit **Buntstiften** können die Kinder farbenfrohe Bilder gestalten und lernen die Beschaffenheit dieser Stifte kennen.

Mithilfe von **Wachsmalstiften** sammeln bereits die Jüngsten erste Malerfahrungen.

Mit kindgerechten Scheren können die Kleinen erste **Schneideerfahrungen** machen und üben ihre Fingerfertigkeit und Koordination.

Mit Tapetenkleister und bunten Papierstücken können individuelle **Kleisterbilder** angefertigt werden und neue Materialerfahrungen gesammelt werden.

Aus verschiedenen Papierstücken entstehen **Ton-in-Ton-Collagen** und die Kinder lernen unterschiedliche Papiersorten und ihre Beschaffenheit kennen.

Ich wünsche Ihnen und Ihren Kindern viel Spaß beim Malen, Schneiden & Kleben!

Malen mit Buntstiften

Bieten Sie den Kindern während des Freispiels Buntstifte in verschiedenen Farben an. Achten Sie darauf, den Kleinen solche Stifte zur Verfügung zu stellen, bei welchen sie auf den ersten Blick die Farbe erkennen können. Auf diese Weise prägen sie sich die Namen leichter ein und nehmen Farbunterschiede schneller wahr. Buntstifte aus Naturholz, bei denen nur die Mine als Farberkennung dient, sind für Krippenkinder weniger geeignet.
Es gibt inzwischen bereits extra dicke Stifte, speziell für Krippenkinder. Diese sind relativ kurz und sehr stabil. Auch leuchten sie besonders farbintensiv und haben einen leichten Farbabrieb. Ein weiterer Vorteil ist der beißsichere Farbabschluss, da die Jüngsten hin und wieder Dinge in den Mund nehmen.
Für welche Buntstifte Sie sich auch entscheiden, das Malen damit wird den Kindern sicher viel Freude bereiten.

Das brauchen Sie zum Malen:
» Buntstifte
» weiße Papierbögen (etwa DIN A3)

So malen die Kinder ihre Bilder:

Schützen Sie den Tisch mit einer abwaschbaren Decke und legen Sie die Papierbögen darauf. Die großen Bögen ermöglichen den Kindern ein großflächiges Malen. Sie können die Farbstifte in Gläsern, Bechern oder Materialschalen aufbewahren. Die Kleinen suchen sich die gewünschten Farben selbst aus.
Schon die Allerkleinsten haben viel Freude daran, die unterschiedlichen Farben auszuprobieren.
Oftmals haben gerade die jüngsten Krippenkinder großes Vergnügen daran, alle Stifte einmal in die Hand zu nehmen, sie kurz auszuprobieren und dann den nächsten Farbstift herauszuholen. Auch auf diese Weise setzen sie sich mit dem Material auseinander und lernen es kennen. Krippenkinder malen in der Regel noch nicht gegenständlich, sondern zeichnen Linien, Wellen, Punkte, Striche oder Kreise. Als „Kritzelkratzel" wird dieses Malen oft bezeichnet. Die Kleinen malen viele Farben übereinander, meist exakt auf derselben Stelle oder aber großflächig über den gesamten Papierbogen. Das Wichtigste sollte jedoch immer sein, dass es Spaß macht.

■ Konzentriert wird die Farbe aufs Papier gebracht.

■ „Orange oder doch lieber Rot?"

■ „Welche Farbe nehme ich denn nun?"

■ Malen ist toll!

■ „Mal schauen, ob die grüne Farbe auch malen kann."

Malen mit Wachsmalstiften

Wachsmalstifte liegen hervorragend in der Hand und sind sehr stabil. Gute Stifte haben einen hohen Bienenwachsanteil und sind wasserfest. Ihre klaren und leuchtenden Farben verwischen in der Regel nicht und die Kleinen können damit auf nahezu jedem Papier malen. Wachsmalstifte bewahren Sie am besten in kleinen Materialschalen auf, welche den Kindern jederzeit zugänglich sind.

Schon die Jüngsten probieren das Malen damit gern aus, da diese Stifte eine hohe Bruchfestigkeit haben und ihre Farbe leicht abgeben. Auch Punkte zu malen, ist damit kein Problem, da sie nur schwer brechen und eine breite Auflagefläche haben. Und jeder weiß: Kinder klopfen gern mit den Stiften auf das Papier, um „Regentropfen" zu malen.

Das brauchen Sie für die Wachsmalbilder:
>> Wachsmalstifte
>> weiße Papierbögen DIN A3 oder DIN A4

So malen die Kinder:
Legen Sie Papier und Stifte auf den mit einer Decke geschützten Tisch und los gehts!
Das Ausprobieren der einzelnen Farben steht meist im Vordergrund und macht viel Spaß.
Wie sieht Rot aus? Wie Grün oder Blau? Schon die Jüngsten versuchen sich am Malen und Experimentieren mit den leuchtend bunten Wachsmalstiften.
Je älter die Kinder werden, umso mehr wagen sie sich auch an das gegenständliche Zeichnen heran, malen Gesichter, Kopffüßer und Ähnliches.

„Ich kann auch schon mit Wachsstiften malen."

„Wir malen tolle Bilder."

Das Ergebnis einer 2-Jährigen

GUT ZU WISSEN:
Fotopapier eignet sich prima zum Malen mit Wachsstiften. Die Stifte gleiten leicht über die glatte, glänzende Oberfläche. Die Farben leuchten besonders intensiv und können ihre volle Leuchtkraft auf dem Papier entfalten.

Erstes Schneiden mit der Kinderschere

- Hoch konzentriert wird der Papierstreifen in kleine Stücke zerschnitten.
- „So viele Stücke habe ich geschnitten."

- „Mal sehen, was so eine Schere alles kann."

- „Schneiden kann ich schon ganz alleine."

Kinderscheren sollten aus Sicherheitsgründen immer eine abgerundete Spitze haben. Es gibt im Fachhandel spezielle Scheren für Krippenkinder oder solche mit einem sogenannten Softgriff. Dieser ist weich und liegt gut in der Hand, ohne wegzurutschen. Scheren für unter 3-Jährige sind in der Regel etwas kleiner als reguläre Kinderscheren.

Erste Schneideerfahrungen sammeln die Kleinen am besten, wenn Sie ihnen dünne Papierstreifen zur Verfügung stellen. Da die Kinder die Scheren anfangs beidhändig greifen, müssen Sie das Papier für sie festhalten.

Das brauchen Sie für das Schneiden:

- » Papierstreifen in verschiedenen Farben
- » Kinderscheren

So schneiden die Kinder:

Zuerst sollten Sie den Kleinen die Funktionsweise einer Schere demonstrieren: Schneide öffnen – Papier dazwischenstecken – Schneide schließen. Während die Kinder anfangs mit beiden Händen die Schere benutzen, müssen Sie den Papierstreifen für sie festhalten.

Beim Schneiden zeigen schon kleine Kinder viel Ausdauer und feinmotorisches Geschick und freuen sich darüber, wenn es ihnen gelingt, einen Streifen in viele kleine Stücke zu zerteilen.

Es gibt auch Krippenkinderscheren, die selbstständig immer wieder auseinandergehen. Man kann sie mit dem Faustgriff benutzen, da sich die Klingen durch einen Federmechanismus von selbst öffnen. Diese Scheren eignen sich besonders für die Allerkleinsten, die die Funktion dieses „Schneidewerkzeuges" einmal ausprobieren wollen.

Wenn den Kindern der Umgang mit der Schere vertraut ist, werden sie mit zunehmendem Alter auch versuchen wollen, diese mit nur einer Hand zu halten. Dann können sie selbstständige Schneideversuche starten, natürlich immer mit Ihnen in der Nähe.

ACHTUNG! Grundsätzlich gilt: Krippenkinder sollten Sie nie unbeaufsichtigt mit Scheren agieren lassen.

Kleisterbilder

Kinder kleben gern. Besonders wenn sie vorher viele bunte Papierstücke geschnitten haben, möchten sie diese natürlich auch irgendwo aufkleben. Hierzu eignet sich handelsüblicher Tapetenkleister ohne Zusatzstoffe gut, da dieser sich mühelos von den Händen und der Kleidung wieder abwaschen lässt und in der Regel innerhalb von 20 Minuten gebrauchsfertig ist.

Das brauchen Sie für die Kleisterbilder:

>> Tapetenkleister
>> Rührschüssel
>> Schneebesen
>> kleine Behälter
>> Pinsel
>> weiße Papierbögen
>> Papierstreifen
>> Kinderscheren

So gestalten die Kinder ihre Kleisterbilder:

Rühren Sie den Kleister zunächst, wie auf der Packung beschrieben, in einer Rührschüssel mit dem Schneebesen an und füllen Sie ihn, wenn er gebrauchsfertig ist, in kleine Behälter (Plastikbecher, Gläser etc.). Mit einem Pinsel dürfen die Kleinen den Kleister dann auf ihren Papierbogen streichen.

Ist genug Kleber verteilt, können die Papierstücke aufgeklebt werden, welche Ihre Jüngsten vorab aus bunten Papierstreifen zugeschnitten haben.

Sie können den Kindern zusätzlich Malerkittel anziehen. Manche Kinder gestalten richtige Kunstwerke mit Tapetenkleister und Papier und zeigen dabei viel Ausdauer. Es gibt spezielle Kleisterdosen, in deren Deckel bereits ein Pinsel integriert ist. Diese sind sehr praktisch, weil die Dosen somit immer fest verschlossen sind und das Auswaschen des Pinsels entfällt.

GUT ZU WISSEN:
Sie können auch eine größere Menge Kleister anrühren und diesen in Gläser mit Schraubverschluss füllen. Wenn Sie diese im Kühlschrank aufbewahren, haben Sie für längere Zeit einen Kleistervorrat.

■ Sorgfältig wird der Kleister verteilt.

■ Geschickt werden die kleinen Schnipsel festgedrückt.
■ „Das wird ein tolles Kleisterbild."

■ Gemeinsam wird das Bild geklebt.

Papiercollagen

Aus Papier lassen sich tolle Ton-in-Ton-Collagen herstellen. Alles, was Sie dafür brauchen, sind verschiedene Papiersorten in diversen Stärken und Farben sowie Tapetenkleister.

Das brauchen Sie für die Collage:
- » verschiedene Papiersorten in unterschiedlichen Farben (Tonpapier, Tonkarton, Transparentpapier, Faltpapier, Glanzpapier ...)
- » stabile, weiße Papierbögen zum Aufkleben (DIN A3 oder DIN A4)
- » Kinderscheren
- » Tapetenkleister
- » Pinsel

So gestalten die Kinder ihre Collage:
Durch die unterschiedlichen Sorten lernen die Kinder die Eigenheiten der Papiere kennen und sammeln ganz nebenbei erste Materialerfahrungen. So schneidet sich das dünne Faltpapier ganz leicht, während man bei Tonkarton schon wesentlich mehr Kraft benötigt.
Sie können den Kleinen Streifen in unterschiedlichen Breiten zur Verfügung stellen, welche diese dann durch- beziehungsweise abschneiden dürfen.
Sie können die Kinder kunterbunte Collagen aus den Farben ihrer Wahl gestalten lassen oder aber diverse Farbtöne einer Farbe anbieten. Durch die verschiedenen Nuancen kommt die unglaubliche Vielfalt einer Farbe besonders gut zur Geltung. Nehmen wir beispielsweise Grün. Grün ist nicht gleich Grün. Es gibt: hellgrün, dunkelgrün, olivgrün, jägergrün, grasgrün, smaragdgrün, mintgrün, tannengrün, gelbgrün – um nur einige zu nennen.
Mit Tapetenkleister können die Kinder dann ihre geschnittenen Stücke auf einen weißen, stabilen Papierbogen aufkleben. Jeder entscheidet selbst, wie viele Papierstücke aufgeklebt werden.
Diese farbenfrohen Bilder verschönern jeden Gruppenraum und die Kinder werden viel Freude beim Schneiden und Kleben haben.

„Lila ist meine Lieblingsfarbe."

Sorgfältig werden die orangefarbenen Stücke aufgeklebt.

So sieht ein fertiges Kunstwerke aus.

GUT ZU WISSEN:
Wenn Sie möchten, können Sie aus Papierstreifen zusätzlich einen Rahmen anfertigen und am Bildrand befestigen.

Malen

Einführung

Malen mit verschiedenen Farben ist eine faszinierende Erfahrung für Kinder. Da gibt es Finger- und Wasserfarben, Wachs- oder Aquarellstifte und Unzähliges mehr. Jede Farbe wird anders verwendet. Flüssige Farben können mit dem Pinsel aufgetragen oder mit Farbrollen oder Schwämmen verteilt werden. Stifte dagegen müssen in die Hand genommen werden. Mit den in diesem Kapitel vorgestellten Farben lassen sich grundlegende Techniken umsetzen. Stellen Sie den Kindern große Papierbögen zum Malen zur Verfügung. Dies ermöglicht ihnen ein großflächiges Arbeiten und sie haben ausreichend Bewegungsfreiheit. Gerade das großflächige Malen entspricht dem kindlichen Bedürfnis, ganz gleich ob mit Kreide, Finger- oder Wasserfarben, Holz- oder Wachsstiften gearbeitet wird.

Die Papierbögen sollten von stabiler Qualität sein, damit das Papier nicht zu schnell aufweicht oder gar reißt. Verschiedene Pinsel, Schwämme, spezielle Farbrollen für kleine Kinderhände und vieles mehr bieten vielfältige Möglichkeiten, um das Malen für Ihre Jüngsten attraktiv und interessant zu machen. Die Kleinen können Striche, Punkte, Kleckse oder Linien malen oder zufällige, kreisende Bewegungen über den gesamten Papierbogen ausführen.

Wenn die Kinder an einer Staffelei malen, hat dies den Vorteil, dass sie alle Stellen des Papierbogens mühelos erreichen können, da im Stehen gearbeitet wird. Den Papierbogen sollten Sie mit Klebeband, Reißnägeln oder Ähnlichem befestigen, damit dieser beim Malen nicht verrutschen kann. Zum Trocknen der Bilder bieten sich Trockenwägen an. Natürlich können Sie die Kunstwerke auch in einem Nebenraum oder auf Zeitungspapier auf Ihrer Fensterbank trocknen lassen.

● Malen macht schon den Jüngsten viel Spaß.

Mit **Wachsmalstiften** stellen die Kinder eine farbenfrohe Frottage her und schulen dabei ihre Feinmotorik.

Beim Malen mit **Wasserfarben** entstehen individuelle, farbenfrohe Bilder oder es können lustige Schnecken daraus gebastelt werden.

Das Malen mit **Pipetten** lässt tolle Farbverläufe und Muster entstehen und die Kleinen verbessern ganz nebenbei ihre Auge-Hand-Koordination.

Mit **Zuckerkreide** können die Kinder bunte Bilder herstellen, die selbst auf dunklen Untergründen brillant leuchten. Zusätzlich werden sie an der Herstellung der Zuckerkreide beteiligt.

Mit **Aquarellstiften** die speziell für Krippenkinder angeboten werden, können schon die Jüngsten zauberhafte Kunstwerke gestalten und die Veränderung der Farben unter Zuhilfenahme von Wasser beobachten.

Ich wünsche Ihnen allen viel Freude beim Malen!

Wachsfrottage

„Frottage" stammt aus dem Französischen und bedeutet nichts anderes als „reiben" beziehungsweise „durchreiben". Denn genau das tut man in diesem Falle tatsächlich. Mit Wachsmalstiften übertragen die Kinder die Oberflächenstruktur von Gegenständen, in diesem Falle von Holzfischen, auf einen Papierbogen.

Das brauchen Sie für die Frottage:
» weiße Papierbögen (etwa DIN A3)
» Holzfische (z. B. von einem Angelspiel oder aus dickem Karton zuschneiden)
» Wachsmalstifte
» blaues Krepppapier für den Rahmen (alternativ: Seidenpapier)
» Schere
» Klebstoff

So gestalten die Kinder ihre Frottage:
Die Kleinen suchen sich zunächst einen Fisch aus, den sie auf ihren Papierbogen durchreiben möchten. Zusätzlich wählen sie eine Farbe zum Durchreiben aus. Legen Sie den Fisch auf den Tisch und bedecken Sie ihn mit dem weißen Papier. Auf diese Weise wird er für die Kinder unsichtbar. Wenn sie jetzt mit dem Wachsstift darüberreiben, druckt er sich wie durch Zauberhand auf den Papierbogen und wird wieder sichtbar. Für die Kleinen ist dies fast wie richtige Zauberei.
Schon Krippenkindern macht es viel Spaß, auf diese Weise zu „malen", denn sie sind bei jedem neuen Motiv wieder verblüfft, wie dieses auf ihrem Papier zu sehen ist, obwohl es doch darunter versteckt ist.

Jeder darf selbst entscheiden, wie viele Fische auf dem Bild schwimmen dürfen. Selbstverständlich können Sie auch andere Gegenstände für Ihre Frottage verwenden. Richtig schön sieht das „Fische-Bild" aus, wenn Sie aus blauem Krepppapier Stücke abschneiden, diese leicht drehen und als Rahmen um das Bild herumkleben. Diesen Arbeitsschritt sollten Sie übernehmen, da er für die Kinder noch zu schwierig ist.

■ „Mein erster Fisch soll blau werden."

■ Immer mehr Fische schwimmen auf dem Bild.

■ „Mal sehen, ob ich noch einen Fisch ‚zaubern' kann."

■ Viele bunte Fische schwimmen im Meer.

Wasserfarbenzauberei

Die transparenten Wasserfarben eignen sich hervorragend zum großflächigen Malen. Mit einem dicken Pinsel können selbst die Allerkleinsten zu richtigen Künstlern werden.

Das brauchen Sie für die Wasserfarbenmalerei:
- Wasserfarben in verschiedenen Farben
- Pinsel
- Becher
- stabile, weiße Papierbögen (etwa DIN A3)
- Staffelei

So gestalten die Kinder ihre Bilder:
Die Kleinen dürfen sich die Farben selbst aussuchen, die sie verwenden möchten.
Schon die Jüngsten können an der Staffelei malen. Befestigen Sie den Papierbogen daran und schon kann der Malspaß beginnen. Lassen Sie die Kinder erst einmal mit dem Anrühren der Farben experimentieren.

Das brauchen Sie für die Wasserfarben-Schnecken:
- Materialien wie zuvor genannt
- Schere
- Klebstoff
- Tonpapier: hautfarben, rot, schwarz

So gestalten die Kinder ihre Wasserfarben-Schnecken:
Aus Wasserfarbenbildern lassen sich ganz einfach lustige Schnecken basteln. Zunächst malen die Kleinen mit einer Farbe ihrer Wahl eine rundliche oder ovale Form. Jeder tut dies, so gut er kann. Eine perfekte Form ist nicht wichtig, da das spätere „Schneckenhaus" ohnehin noch zugeschnitten werden muss.
Das getrocknete Bild schneiden Sie aus und verwenden es als Schneckenhaus. Bereiten Sie einen dicken und einen dünnen, hautfarbenen Streifen (Körper/Fühler) vor, sowie einen roten Kreis (Mund) und einen schwarzen Streifen (Augen). Die Größe der Papierteile richtet sich nach der Größe des gemalten Schneckenhauses. Die Kinder schneiden den Körper auf beiden Seiten spitz zu. Vom dünnen, hautfarbenen Streifen schneiden sie zwei Stücke als Fühler ab. Den Kreis halbieren sie und verwenden eine Hälfte als Mund. Vom schwarzen Streifen schneiden die Kleinen zwei Stücke als Augen ab. Die Einzelteile der Schnecke setzen sie mit Klebstoff zusammen.

Das wird ein tolles Bild.

„Ich male mit Grün".

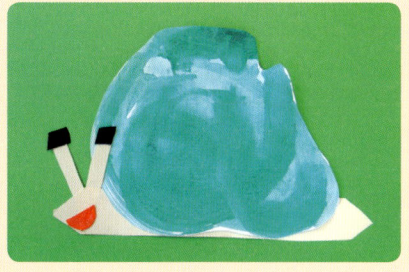

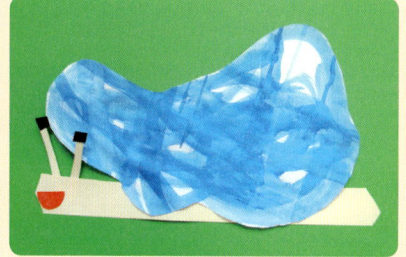
So sehen die fertigen Schnecken aus.

Pipettenmalerei

„Die Farben können ja laufen!"

Alle betrachten fasziniert das Farbenspiel.

So sieht die Pipettenmalerei aus.

Man kann nicht nur mit Pinseln malen, sondern Pipetten eignen sich ebenfalls hervorragend dazu. Diese „Verlaufstechnik" lässt wunderschöne Muster entstehen und begeistert schon die jüngsten Krippenkinder.

Das brauchen Sie für die Pipettenmalerei:

» Pipetten
» große, weiße Papierbögen in stabiler Qualität (etwa DIN A3)
» dünnflüssige Farbe (Fingerfarbe oder Cromar-Farbe mit Wasser anrühren)
» Becher und Pinsel zum Anrühren der einzelnen Farben
» Materialien, um eine schiefe Ebene herzustellen, z. B. Bücher und eine feste Kartonplatte

So gestalten die Kinder ihre Bilder:

Damit diese Technik gut funktioniert, müssen Sie eine leichte Schräge herstellen, indem Sie z. B. mehrere Bücher auf den Tisch legen und eine dicke Kartonplatte oder eine andere stabile Unterlage schräg darauf platzieren. Dann legen Sie den Papierbogen darauf. Ziehen Sie die Farben in die Pipetten auf und lassen Sie die Kinder diese auf den oberen Papierrand tropfen. Wichtig ist, dass die Farben möglichst dünnflüssig sind. Sobald die Farbe auf dem Papier ist, beginnt sie, nach unten zu fließen. Die Fließrichtung der Farben lässt sich steuern, wenn Sie den Papierbogen anheben und senken. Betrachten Sie gemeinsam mit den Kindern, wie die Farbtropfen ihre Spuren auf dem Papierbogen hinterlassen.

Die Kinder können diese Maltechnik auch an der Staffelei versuchen. Hierfür ist schon etwas Geschick nötig, da die Pipetten relativ schräg gehalten werden müssen. Nach dem Trocknen sind wunderschöne Kunstwerke entstanden, ganz ohne Pinsel.

Zuckerkreidenspaß

Mit Zuckerkreide lässt sich wunderbar malen, denn sie ist wischfest und staubt nicht. Außerdem hat sie eine hohe Farbbrillanz und leuchtet selbst auf dunklen Untergründen. Da es diese nicht fertig zu kaufen gibt, können Sie sie gemeinsam mit Ihren Jüngsten herstellen. Die Herstellung ist einfach und die Kleinen werden viel Freude dabei haben.

Das brauchen Sie für die Zuckerkreide:
» Tafelkreide in verschiedenen Farben
» Zucker
» warmes Wasser
» Teelöffel
» Schüssel
» große, schwarze Papierbögen (etwa DIN A3)

So stellen die Kinder die Zuckerkreide her:

Sie können die Kleinen bereits bei der Herstellung dieser speziellen Kreide mit einbeziehen. Betrachten Sie zunächst gemeinsam den Zucker und überlegen, um was es sich hierbei handeln könnte. Wer möchte, darf auch davon probieren.

Mit einem Löffel füllen die Kinder den Zucker in eine Schüssel. Als Faustregel gilt: 4 Teelöffel Zucker in einer Tasse Wasser auflösen.

Geben Sie das warme Wasser hinzu und lassen Sie die Kleinen so lange rühren, bis der Zucker sich vollständig aufgelöst hat.

Nun darf jeder ein Stück Kreide in die Zuckerlösung legen. Die Kreide sollte nun für mindestens eine Stunde einweichen, bevor sie benutzt wird. Noch besser ist es, sie über Nacht einzuweichen.

So malen die Kinder mit der Zuckerkreide:

Geben Sie den Kleinen schwarze Papierbögen und tupfen Sie die Kreide vor dem Malen mit einem Papiertuch trocken.

Schon die Kleinsten werden viel Freude beim Malen mit der selbst gemachten Zuckerkreide haben.

■ Geschickt wird der Zucker in die Schüssel gefüllt.

■ Gleich ist der Zucker verschwunden.

■ Sorgfältig werden die Kreidestücke in die Schüssel gelegt.

■ Die Farben leuchten wunderschön.

Aquarellmalerei

Mit Stiften speziell für Krippenkinder können sich schon die Jüngsten an die Aquarellmalerei heranwagen. Diese Stifte sind relativ kurz und sehr stabil. Besonders hervorzuheben ist ihr weicher Abstrich und die hohe Farbbrillanz. Sie decken sehr gut und sind mit Wasser leicht zu vermalen.

Das brauchen Sie für die Aquarellmalerei:
» Aquarellstifte (für Krippenkinder)
» weiße, stabile Papierbögen (etwa DIN A3)
» Kinder-Farbrollen und/oder Schwämme

So malen die Kinder mit den Aquarellstiften:

Zuerst malen die Kleinen mit den Stiften auf ihren Papierbogen, als ob sie mit gewöhnlichen Buntstiften malen würden. Je bunter das Papier wird, umso schöner leuchtet später das Ergebnis. Denn das Besondere dieser Farben kommt erst mit der Zugabe von Wasser zur Geltung.

Danach wird eine Farbrolle in Wasser getaucht. Achten Sie aber darauf, dass die Farbrolle nicht zu nass ist, da sonst der Papierbogen schnell aufweicht. Nun dürfen die Kinder über ihren Papierbogen rollen. Sofort beginnen die Farben, zu verwischen, und schöne Farbverläufe entstehen.

Auch mit einem handelsüblichen Haushaltsschwamm, der in Wasser getaucht und wieder ausgedrückt wird, lassen sich die Farben verwischen.

Schon die Jüngsten können mit den Aquarellstiften malen, da sie sehr robust sind und leuchtende Farbergebnisse erzielt werden können.

■ Ein kleiner Künstler am Werk.

■ Erst einmal müssen die Kinder sich mit der Farbrolle vertraut machen.

■ „Mein Bild wird ja ganz grün!"

Sinnliches Gestalten

Einführung

Bei dem sinnlich-ästhetischen Erleben steht das Tun als solches im Vordergrund. Nicht das Ergebnis zählt, sondern das Kennenlernen der unterschiedlichen Materialien, wie Kleister, Ton und viele mehr. Das Fühlen und Riechen, das Erspüren und Wahrnehmen verschiedener Materialien ist hierbei von zentraler Bedeutung. Draußen, in der freien Natur, können die Kinder nach Herzenslust matschen oder den nassen Sand auf ihrer Haut spüren. In feuchtem Zustand ist dieser kühl und lässt sich sehr gut formen. Trocknet er jedoch, fühlt er sich rau und bröckelig an. Doch auch drinnen können die Kleinen wunderbare sinnliche Erfahrungen machen und unterschiedliche Materialien mit allen Sinnen wahrnehmen. Eine kleine Auswahl stelle ich Ihnen im folgenden Kapitel vor.

Durch Reiben, Streichen oder Verteilen wird das taktile Empfinden Ihrer Jüngsten angeregt. Gerüche und Aromen verteilen sich im Raum und verströmen einen angenehmen Duft, was die olfaktorische Wahrnehmung, sprich den Geruchsinn fördert. Auch visuell verändern sich manche Materialien durch den Umgang mit ihnen, beispielsweise durch die Zugabe von Wasser oder Farbe, was die Kinder sehr spannend finden.

Die Kleinen können vielfältige Erfahrungen sammeln und sich ausgiebig mit Kleister, Ton & Co. vertraut machen.

Mit großen Papierbögen in stabiler Qualität können die Jüngsten großflächig arbeiten. Geben Sie ihnen immer ausreichend Zeit, um mit allen Sinnen kreativ tätig werden zu können. Eine kurze Einweisung Ihrerseits, um welches Material es sich jeweils handelt und was man damit tun kann, sollte jedoch nicht fehlen. Wägen Sie ab, wo eine längere Einweisung Ihrerseits erforderlich ist, wie z. B. beim Filzen.

● Hier wird Kleisterfarbe angerührt. Die darf gleich mit den Händen vermalt werden.

Duftbilder animieren die Kinder auf vielfältige Weise zum Kreativsein und regen die Sinne an.

Beim **Kneten** wird die weiche Masse gespürt und geformt und die Kleinen verbessern ihre Feinmotorik.

Magischer Sand fördert das taktile Empfinden Ihrer Jüngsten, denn er ist flüssig und fest gleichermaßen.

Filzen ist eine Gestaltungsmöglichkeit, die schon Krippenkinder fasziniert. Die weiche Wolle und der samtige Schaum frischer Olivenölseife regen die Sinne der Kinder auf vielfältige Weise an.

Beim Werken mit **Ton** können die Kleinen sich nach Herzenslust austoben und diesen intensiv spüren.

Begeben Sie sich mit Ihren Kleinen auf eine sinnliche Reise, bei welcher es so vieles zu entdecken gibt.

Farbenfrohe Duftwerke

Mit einfachen Mitteln können Sie gemeinsam mit den Kindern ein sinnliches Kreativangebot gestalten, welches Sehen, Riechen und Fühlen zugleich intensiv ermöglicht. Schon bei der Herstellung der duftenden Kleisterfarben dürfen die Kleinen mithelfen.

Das brauchen Sie für die Duftbilder:
» Kleister
» Fingerfarbe
» Backaromen mit Vanille- oder Zitronenduft oder etwas Zimt
» Schöpfkelle
» Schneebesen
» Schüsseln
» Löffel
» weiße, stabile Papierbögen (etwa DIN A3)

So stellen die Kinder die Kleisterfarbe her:

Rühren Sie zunächst eine Schüssel Tapetenkleister, wie auf der Packung beschrieben, an und lassen Sie diesen etwa 20 Minuten quellen. Mithilfe einer Schöpfkelle füllen die Kleinen nun etwas Kleister in eine der Schüsseln hinein.
Dann geben Sie zusammen mit den Kindern die Fingerfarbe hinzu.
Mithilfe eines Schneebesens können die Kleinen den Kleister mit der Farbe verrühren, bis eine homogene Masse entstanden ist.
Nun geben Sie zu jeder Kleisterfarbe einige Tropfen der ausgewählten Aromen hinzu, rühren alles noch einmal gut um und lassen die Kleinen daran riechen. Wählen Sie für jede Farbe einen Duft aus.

ACHTUNG! Die Zugabe der Aromen darf jedoch nur von Ihnen übernommen werden!

Mit einem Löffel geben die Kinder die Kleisterfarbe auf ihren Papierbogen und verstreichen diese mit den Händen. Das fühlt sich nicht nur toll an, sondern riecht auch wunderbar.

■ Mit etwas Hilfe wird der Kleister in die Schüssel gefüllt.

■ Konzentriert wird die Farbe hinzugegeben.

■ Das duftet herrlich.

■ Das fühlt sich schön weich an.

■ Das macht Spaß!

Kneten, Formen & Modellieren

■ „Kneten ist spitze!"

■ Sorgfältig werden die benötigten Utensilien ausgewählt.

■ Mit Knete kann man tolle Sachen machen.

Kneten ist eine tolle sinnliche Erfahrung, die den meisten Kindern viel Spaß macht. Die weiche Masse ist leicht formbar und man kann die tollsten Dinge daraus herstellen. Die Kleinen sammeln erste Erfahrungen mit dem Formen von Material, welches durch Drücken oder Rollen immer wieder seine Form verändern kann.
Kneten können schon Krippenkinder, ohne dass sie hierfür viel Hilfestellung benötigen. Sie probieren aus und sammeln auf diese Weise ihre Erfahrungen mit dem Material. Natürlich sollten Sie die Kinder nie ohne Aufsicht mit der Knete spielen lassen. Beim Kneten wird die Masse intensiv mit den Händen gespürt und die Kleinen werden feststellen, dass sich diese immer leichter formen lässt, je wärmer sie wird.

Das brauchen Sie zum Kneten:
» Knete
» Knetwerkzeuge (s. u.)

So kneten die Kinder:
Bereits ohne Zuhilfenahme von Werkzeugen, ausschließlich mit den Händen, lässt sich die Knete auf vielseitige Art und Weise bearbeiten. Man kann sie rollen, platt drücken, kneten, ziehen, zusammendrücken und vieles mehr. Man kann große Stücke in viele kleine zerrupfen und wieder zu einem großen Ganzen formen.
Mit einigen einfachen Werkzeugen können die Kinder zusätzlich kreativ sein. Folgende Utensilien können Sie den Kleinen anbieten:
» Ausstechförmchen
» kleine Wellhölzer
» Rollen mit Mustern
» Holzstempel mit und ohne Muster
» stumpfe Plastik- oder Holzschneidewerkzeuge ...

Knete ist ein vielseitiges Spielmaterial auch für das Freispiel, welches die Kinder sicher gern ausprobieren. Es bedarf auch nicht vieler verschiedener Farben. Eine einzige Farbe in größerer Menge ist völlig ausreichend, um damit kreativ sein zu können.
Ob allein oder in der Gruppe, Kneten ist immer eine tolle Beschäftigung.

Magischer Sand

Dieser „Sand" ist im Grunde genommen gar keiner, auch wenn er ein bisschen danach aussieht. Mit den angegebenen Zutaten können Sie eine Masse herstellen, die sich wunderbar zum Spielen eignet und den Kindern einzigartige taktile Erfahrungen bietet. Denn dieser „Sand" ist flüssig und fest gleichermaßen. Er lässt sich formen, zerfließt dann aber wieder und kann anschließend neu geformt werden. Und wenn aus Versehen einmal etwas davon in den Mund genommen wird – kein Problem!

Das brauchen Sie für magischen Sand:
- 200 g Speisestärke
- 1–2 Tuben Lebensmittelfarbe
- Wasser nach Bedarf
- Rührschüssel
- Gabel
- Krug
- Küchenwaage
- Löffel und andere Werkzeuge zum Modellieren und Formen

So stellen Sie die Masse her:
Wiegen Sie die Speisestärke ab und geben Sie diese in die Rührschüssel. Gießen Sie nun so lange kaltes Wasser dazu und rühren Sie mit der Gabel durch, bis eine feste Konsistenz erreicht und die Speisestärke komplett aufgelöst ist (Verhältnis etwa: 2 Teile Stärke, 1 Teil Wasser). Geben Sie zeitgleich die Lebensmittelfarbe hinzu, damit diese sich gut mit der Masse vermischt.
Die angegebene Menge reicht für etwa 4 Kinder aus.

So können die Kinder damit spielen:
Zeigen Sie den Kleinen zunächst die Masse in der Schüssel. Wer möchte, darf diese mit dem Finger berühren. Auf diese Weise machen die Kinder erste Erfahrungen mit der ganz speziellen Konsistenz dieser Masse.
Das Besondere: Bereits beim ersten Anfassen stellt man fest, dass der Schüsselinhalt flüssig aussieht, sich aber fest anfühlt.

Mithilfe eines Löffels geben Sie jedem Kind etwas von der besonderen Masse auf den Tisch. Und nun darf jeder frei damit spielen und Erfahrungen sammeln.
Mit den Händen und verschiedenen Werkzeugen experimentieren die Kleinen nach Herzenslust. Da darf geknetet, gedrückt und immer wieder neu ausprobiert werden.

■ Einmal vorsichtig die Masse berühren ...

■ Damit lässt sich herrlich matschen.

■ „Ist das nun flüssig oder fest?"

GUT ZU WISSEN:
Wird die Masse mit der Zeit zu fest, rühren Sie einfach etwas Wasser unter. Im Kühlschrank aufbewahrt, haben Ihre Kleinen mehrere Tage Spielspaß. Heruntergefallenes lässt sich mit dem Besen problemlos zusammenkehren, wenn es getrocknet ist. Und die Hände werden einfach unter fließendem Wasser abgewaschen.

Filzen mit Wasser und Seife

Filzen ist eine tolle Erfahrung bereits für die Allerkleinsten, die die Sinne auf vielfältige Weise anregt.
Die bunten Farben der Märchenwolle sind schon optisch ein echter Blickfang und nach dem Filzen können die Kinder eine deutliche Materialveränderung feststellen. Die einzelnen federleichten Wollstücke haben sich zu einer dicken, kompakten Platte verfilzt. Bei dieser Beschäftigung stehen Riechen, Sehen und Fühlen im Vordergrund und sie wird sicher auch Ihre Krippenkinder begeistern. Ebenso können die Kleinen taktile Erfahrungen sammeln, indem sie zunächst ganz leicht und vorsichtig reiben, später kräftiger und mit viel Druck rubbeln dürfen. Dieses Angebot muss von Ihnen sprachlich begleitet und intensiv betreut werden, da die Kinder mit der Handhabung des Filzens nicht vertraut sind und auf Ihre Erläuterungen angewiesen sind.

Das brauchen Sie zum Filzen:
» Märchenwolle (in verschiedenen Farben)
» parfumfreie Olivenölseife (alternativ: Kernseife)
» dünner (Vorhang-)Stoff (oder Gaze, wichtig: er muss wasserdurchlässig sein)
» flaches Plastikgefäß
» Schwamm
» Gummimatte

So filzen die Kinder die Märchenwolle:

Die Kleinen dürfen die Farben der Märchenwolle aussuchen und dabei mithelfen, dünne Streifen davon abzureißen. Diese legen Sie auf der Gummimatte gitterartig übereinander. Das beste Ergebnis erzielen Sie, wenn Sie drei Schichten übereinanderlegen (längs – quer – längs). Dann platzieren Sie den Stoff über der geschichteten Wolle. Geben Sie nun warmes Wasser in das Plastikgefäß und lösen Sie darin etwas Olivenölseife auf, sodass eine Seifenlauge entsteht. Mit der Lauge tupfen Sie auf den Stoff, bis dieser überall feucht ist. Jetzt dürfen die Kleinen ebenfalls mit dem Schwamm Seifenlauge auftragen. Ist die Märchenwolle komplett mit Flüssigkeit durchtränkt, entfernen Sie den Stoff. Drücken Sie die nasse Wolle an den Rändern leicht zusammen, bis eine rechteckige Form entsteht. Nun seifen die Kinder ihre Hände mit dem Seifenstück ein und reiben behutsam über die Wolle. Nach einer Weile können die Kleinen kräftiger rubbeln, bis sich die Wolle zu einer dicken, stabilen Platte verbindet. Wenn alle Farben miteinander verfilzt sind, können Sie die Platte zusammenknüllen und die Kinder können damit kräftig über die Gummimatte reiben. Dieser Arbeitsschritt hilft dabei, die Wollfasern noch intensiver zu filzen. Zuletzt waschen Sie die Filzplatte im warmen Wasserbad aus, bis alle Seifenrückstände verschwunden sind. Die Filzplatte ist nun fertig und muss nur noch trocknen.

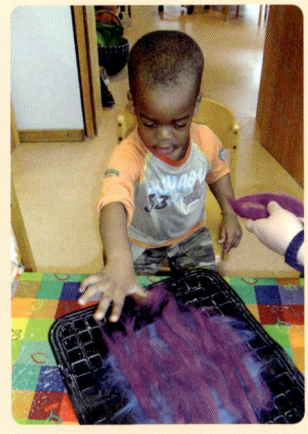
■ Schichten legen ...

■ ... Lauge auftupfen ...

■ ... behutsam kneten ...

■ ... und immer wieder einseifen!

Ton sehen, riechen & fühlen

Beim Gestalten mit Ton können Krippenkinder interessante sinnliche Erfahrungen sammeln. Schulton wird oft in 10-kg-Eimern oder -Stangen angeboten und ist recht kostengünstig. Wenn Sie den Ton im Eimer aufbewahren und immer gut feucht halten, ist er lange haltbar. Wir haben einen weißen Schulton verwendet mit einem Schamottanteil von 25 %.

Das brauchen Sie zum Arbeiten mit dem Ton:
- Ton
- kleine Schüssel mit Wasser
- Tisch in kindgerechter Höhe (s. u.)

So erkunden die Kinder den Ton:
Die Kinder „arbeiten" im Stehen am Tisch. Dies ermöglicht ihnen eine größere Bewegungsfreiheit und sie können mit dem ganzen Körper tätig werden.
Geben Sie den Kleinen etwas Ton, mit dem sie werken können. Lassen Sie ihnen ausreichend Zeit zum Ausprobieren. Jeder darf sich auf seine Weise mit dem unbekannten Material vertraut machen. Zaghaftes Berühren, festes Drücken oder Kneten, Reiben, Klopfen, Formen – alles ist erlaubt. Der Ton ist weich und geschmeidig, er fühlt sich angenehm auf der Haut an.

Zeigen Sie den Kindern, dass sich der Ton noch besser verarbeiten lässt, wenn man die Hände in Wasser eintaucht. Dann wird die Masse geschmeidig und man kann mit der flachen Hand mühelos darübergleiten. Auf diese Weise können die Kleinen den Ton intensiv spüren.
Schon die Allerkleinsten probieren mit Freude aus, wie sich der Ton an den Händen und zwischen den Fingern anfühlt.
Ein fertiges, plastisches Kunstwerk ist bei dieser Beschäftigung nicht beabsichtigt. Die reine Materialerfahrung steht im Vordergrund.

„Ton ist super!"   Lustvoll wird der Ton berührt.

Mit viel Freude werken die Kinder mit der weichen Masse.

Gestalten mit Papier

Einführung

Mit Papier kann man wunderbar kreativ tätig sein. Viele unterschiedliche Sorten, Stärken und eine unglaubliche Farbvielfalt laden zum Schneiden, Kleben, Reißen und Basteln ein. Die Kinder erfahren dabei die Eigenschaften diverser Sorten. So lässt sich Tonpapier leicht und ohne hohen Kraftaufwand zerschneiden, bei Fotokarton hingegen muss man schon wesentlich mehr Kraft aufwenden. Transparentpapier leuchtet wunderschön, vor allem am Fenster, und lässt sich leicht zerreißen, während Seidenpapier prima zum Knüllen und Drehen verwendet werden kann.

In diesem Kapitel stelle ich Ihnen einfache Bastelideen aus der Lebenswelt der Kinder vor. Diese können Sie schnell und ohne große Vorbereitung umsetzen. Vieles wird aus geometrischen Formen hergestellt, wie Quadrate, Rechtecke oder Kreise, die Sie für Ihre Bastelzwerge zunächst zuschneiden müssen. Die Kleinen schneiden dann einfach Ecken ab, teilen Kreise mittig oder halbieren dicke und dünne Streifen. Kreise können Sie entweder mit dem Zirkel malen oder aber Sie verwenden Gläser, Teller, Käseschachteln und Ähnliches, die Sie einfach mit einem Bleistift umfahren und ausschneiden. Augen werden aus Streifen hergestellt, da die Kinder kleine, runde Kreise noch nicht schneiden können.
In diesen Angeboten entsteht am Ende ein konkretes Produkt. Die auf diese Weise hergestellten Kunstwerke haben ihren ganz eigenen Charme, was unter anderem an den nicht akkurat geschnittenen und leicht schief geklebten Einzelteilen liegt. Und sind wir mal ehrlich: Wer möchte schon kreisrunde Augen verwenden, wenn er eckige haben kann?

● „Ich habe schon ganz viel Papier geschnitten."

Ein **Eichhörnchen** sitzt im bunten Herbstlaub aus Glanzpapier, welches die Kinder ganz leicht schneiden oder reißen können.

Beim Basteln eines **Entenvaters** aus Tonpapier schulen die Kleinen ihre Feinmotorik und Fingerfertigkeit.

Eine lustige **Hummel** erhält ihre Flügel aus Transparentpapier, welches die Kinder einfach reißen können.

Rotes Seidenpapier wird zum langen Mantel vom freundlichen **Nikolaus** und weiche Märchenwolle bietet zusätzlich einen taktilen Anreiz.

Ein kleiner **Marienkäfer** kann aus schwarzem und rotem Tonpapier gebastelt werden und beim Aufkleben der vielen Punkte schulen die Kinder ihre Auge-Hand-Koordination.

Ich wünsche allen viel Spaß beim Schneiden, Reißen und Kleben von Ente, Eichhörnchen & Co.

Eichhörnchen im Herbstlaub

Das liebevoll gestaltete Eichhörnchen ist ein schöner Blickfang für den Herbst.

Das brauchen Sie für das Eichhörnchen:
- Tonpapier: hellbraun, dunkelbraun, weiß, schwarz
- Glanzpapier: orange, gelb, grün
- Schere
- Locher
- Klebstoff
- blauer Papierbogen zum Aufkleben

So gestalten die Kinder ihr Eichhörnchen:

Für den Kopf:
Bereiten Sie ein hellbraunes, 12 x 7 cm großes Rechteck vor (Kopf), einen weißen, 1 cm breiten Streifen (Augen), einen schwarzen, 2 cm breiten Streifen (Nase) und ein dunkelbraunes, 3 x 6 cm großes Rechteck (Ohren). Die Kinder schneiden am Kopf, auf einer schmalen Seite die Ecken wenig, auf der anderen Seite großzügig ab. Vom weißen Streifen schneiden sie zwei Stücke als Augen ab und kleben schwarze Locherpunkte als Pupillen auf. Für die Nase schneiden die Kleinen ein Stück des schwarzen Streifens ab. Das dunkelbraune Rechteck schneiden sie diagonal durch und verwenden beide Hälften als Ohren. Die Einzelteile des Gesichtes setzen sie mit Klebstoff zusammen.

Für den Körper:
Schneiden Sie ein hellbraunes, 20 x 12 cm großes Rechteck zu (Bauch) sowie einen 1 cm breiten Streifen (Arm), zwei dunkelbraune Kreise mit einem Durchmesser von 3 cm bzw. 6 cm (Hand/Fuß) und ein dunkelbraunes, 22 x 8 cm großes Rechteck (Schwanz). Die Kleinen schneiden am Bauch alle Ecken ab. Vom hellbraunen Streifen schneiden sie ein etwa 8 cm langes Stück als Arm ab. Die beiden Kreise schneiden sie mittig durch und verwenden je einen Halbkreis als Arm und Fuß. Den Schwanz schneiden die Kinder auf einer schmalen Seite spitz zu. Die Einzelteile des Körpers setzen sie mit Klebstoff zusammen und befestigen den Kopf daran.

Bereiten Sie aus gelbem, grünem und orangefarbenem Glanzpapier etwa 5 cm breite Streifen vor, von welchen die Kinder beliebig viele Stück abschneiden oder abreißen und als Blätter verwenden. Das Eichhörnchen und das bunte Herbstlaub kleben die Kleinen auf den blauen Papierbogen auf.

- Konzentriert werden die kleinen Augen aufgeklebt.

- Nun wird der Fuß mit Klebstoff bestrichen.

- Mit etwas Hilfe wird der Eichhörnchenschwanz zugeschnitten.

- So sieht das fertige Eichhörnchen aus.

Entenvater mit echten Federn

Hier entsteht ein Enterich mit seiner prächtigen Färbung. Ein besonders schönes taktiles Erlebnis bieten die Flügel aus echten Federn.

Das brauchen Sie für den Entenvater:
- Tonpapier: dunkelgrün, weiß, schwarz, gelb, braun
- Schere
- Locher
- Klebstoff
- Bastelfedern

So gestalten die Kinder ihren Entenvater:

Für den Kopf:
Schneiden Sie ein dunkelgrünes, 8 x 8 cm großes Quadrat zu (Kopf) sowie einen weißen, 1,5 cm breiten Streifen (Auge) und ein gelbes, 4 x 7 cm großes Rechteck (Schnabel). Die Kinder schneiden am Kopf alle vier Ecken ab. Vom weißen Streifen schneiden sie ein Stück als Auge ab und kleben einen schwarzen Locherpunkt als Pupille auf. Am Schnabel schneiden sie auf einer schmalen Seite beide Ecken ab. Die Einzelteile des Gesichtes setzen die Kinder mit Klebstoff zusammen.

Für den Körper:
Bereiten Sie für den Bauch ein braunes, 13 x 20 cm großes Rechteck zu. Die Kleinen schneiden auf einer breiten Seite des Bauchs beide Ecken ab und befestigen den Kopf auf der gegenüberliegenden Seite.
Eine oder mehrere Bastelfedern kleben die Kinder als Flügel an den Entenbauch.

"Gleich kann Papa Ente etwas sehen."

Geschickt wird der Kopf am Körper befestigt.

Sorgfältig werden die Federn ausgewählt.

> **GUT ZU WISSEN:**
> Wenn Sie möchten, kleben Sie den Entenvater auf einen blauen Papierbogen auf, dann kann er fröhlich im See schwimmen.

So sehen die fertigen Enten aus.

Gestalten mit Papier

Fliegende Hummel

Bald summen und brummen dicke Hummeln durch den Gruppenraum, die sich auch am Fenster gut machen.

Das brauchen Sie für die Hummel:

- Tonkarton: gelb, weiß, schwarz, rot, braun
- Transparentpapier: weiß
- Schere
- Klebstoff
- Locher
- Klebeband

So gestalten die Kinder ihre Hummel:

Für den Körper:

Bereiten Sie ein gelbes, 18 x 12 cm großes Rechteck vor (Bauch), einen weißen, 1,5 cm breiten Streifen (Augen), einen roten Kreis mit 2,5 cm Durchmesser (Mund), zwei braune, 1,5 x 24 cm lange Streifen (Streifenmuster) und einen braunen, 2 cm breiten Streifen (Beine). Für die Fühler schneiden Sie einen braunen, 0,5 cm breiten und einen gelben, 1 cm breiten Streifen zu.

Die Kinder schneiden am Bauch alle vier Ecken ab. Vom weißen Streifen schneiden sie zwei Stücke als Augen ab und kleben schwarze Locherpunkte als Pupillen auf. Den roten Kreis schneiden sie mittig durch und verwenden eine Hälfte als Mund.

Die beiden dünnen, braunen Streifen schneiden die Kleinen mittig durch und verwenden alle vier Hälften für das Streifenmuster. Vom dickenn braunen Streifen schneiden sie zwei Stücke als Beine ab. Die Einzelteile des Körpers setzen die Kinder mit Klebstoff zusammen, einen roten Locherpunkt befestigen sie als Nase. Für die Fühler schneiden sie vom dünnen, braunen Streifen zwei lange Stücke und vom gelben Streifen zwei kurze Stücke ab. Die Einzelteile der Fühler setzen sie mit Klebstoff zusammen und befestigen sie von hinten an der Hummel.

Für die Flügel:

Legen Sie ein Stück des weißen Transparentpapiers bereit. Entscheiden Sie selbst, wie groß die Flügel der Hummel werden sollen, und wählen dementsprechend die Papiergröße aus. Die Kleinen reißen vom Transparentpapier ein Stück ab und raffen es mittig zusammen. Dabei benötigen sie Ihre Hilfe. Die Flügel fixieren Sie mit Klebeband von hinten am Körper.

■ Jetzt erhält die Hummel ihr Streifenmuster.

■ So sieht die fertige Hummel aus.

■ Diese Hummel fliegt mit Folienflügeln.

> **GUT ZU WISSEN:**
> Anstelle des Transparentpapiers können Sie auch Klarsichtfolie für die Flügel verwenden.

Freundlicher Nikolaus

Einfach, aber genial: Bei diesem Nikolaus bestehen Hut und Mantel aus einem Stück Seidenpapier.

Das brauchen Sie für den Nikolaus:
- Tonkarton: hautfarben, weiß, schwarz, rot
- Seidenpapier: rot
- Märchenwolle: weiß (oder Watte)
- Schere
- Klebstoff
- Locher

■ Zuerst wird der Kopf zugeschnitten.

So gestalten die Kinder ihren Nikolaus:

Für den Kopf:

Schneiden Sie ein hautfarbenes Quadrat zu (Kopf) und einen weißen Streifen (Augen). Die Kinder schneiden am Kopf alle vier Ecken ab. Vom weißen Streifen schneiden sie zwei Stücke als Augen ab und kleben schwarze Locherpunkte als Pupillen auf. Die Einzelteile des Gesichtes setzen die Kinder mit Klebstoff zusammen. Einen roten Locherpunkt befestigen sie als Nase.
Den nächsten Arbeitsschritt müssen Sie übernehmen, da dies für die Kleinen noch zu schwierig ist: Schneiden Sie mit der Schere im oberen Drittel des Kopfes einen Spalt hinein, durch welchen die Kinder das Seidenpapier von hinten durchführen können. Achten Sie darauf, rechts und links etwa 1 cm Abstand zu halten, damit der Spalt nicht ausreißt.

■ Mit viel Geschick wird das Seidenpapier durch den Spalt gezogen.

■ Zuletzt wird der weiche Bart angeklebt.

Für Mantel und Mütze:

Legen Sie ein rotes Stück Seidenpapier bereit. Dies ziehen die Kinder an einer Spitze etwa bis zu einem Drittel durch den Spalt am Kopf. Das obere Papierstück stellt nun die Mütze dar, das untere den langen Mantel.
Zuletzt fixieren die Kleinen etwas weiße Märchenwolle als Bart an ihrem Nikolaus.

■ So sehen die fertigen Nikoläuse aus.

> **GUT ZU WISSEN:**
> Sie können den Nikolaus in jeder gewünschten Größe basteln, deshalb sind hier keine Größenangaben angegeben. Fertigen Sie einfach Kopf und Augen entsprechend der gewünschten Mantelgröße an.

Fröhlicher Marienkäfer

Hier kommt ein kleiner Wiesenbewohner ganz groß raus – ein tolles Angebot für den Sommer.

Das brauchen Sie für den Marienkäfer:
- Tonpapier: rot, schwarz, weiß
- Schere
- Locher
- Klebstoff

So gestalten die Kinder ihren Marienkäfer:

Für den Kopf:
Bereiten Sie ein schwarzes, 7 x 7 cm großes Quadrat vor (Kopf), einen weißen, 1 cm breiten Streifen (Augen), einen roten Kreis mit 3 cm Durchmesser (Mund) und einen roten, 0,5 cm breiten Streifen (Fühler).
Die Kinder schneiden am Kopf alle vier Ecken ab. Vom weißen Streifen schneiden sie zwei Stücke als Augen ab und kleben schwarze Locherpunkte als Pupillen auf. Den Kreis schneiden sie mittig durch und verwenden eine Hälfte als Mund. Vom roten Streifen schneiden sie zwei Stücke als Fühler ab. Die Einzelteile des Gesichtes setzen die Kleinen mit Klebstoff zusammen. Einen roten Locherpunkt fixieren sie als Nase.

Für den Körper:
Schneiden Sie einen roten Kreis mit 20 cm Durchmesser zu (Bauch) sowie zwei schwarze, 1 cm und 1,5 cm breite Streifen (Beine/Punkte).
Die Kinder schneiden den Kreis mittig durch und verwenden eine Hälfte als Bauch. Vom dünnen Streifen schneiden sie vier Stücke als Beine ab, vom dicken Streifen beliebig viele Stücke als Punkte. Den Kopf befestigen die Kleinen am Körper. Beine und Punkte fixieren sie mit Klebstoff am Marienkäfer.
Fertig ist ein fröhliches Käferlein.

■ So sieht der fertige Krabbelkäfer aus.

■ Erst entsteht der Kopf, dann der Körper und zum Schluss bekommt der Käfer Punkte.

Handabdrücke

Einführung

Aus Hand- und Fingerabdrücken lassen sich die tollsten Dinge herstellen. Mit leicht abwaschbaren Fingerfarben werden, je nach Bedarf, nur die Handfläche, einzelne oder alle Finger bemalt und auf einen Papierbogen aufgedruckt.

Auf diese Weise erhält jedes Kunstwerk seine eigene, ganz individuelle Note. Die Kleinen mögen es meist gern, wenn der weiche Pinsel die Handfläche berührt und sie mit den Borsten kitzelt.

In Kombination mit Papier oder anderen Materialien werden die Abdrücke Teil eines ganzen Kreativangebotes. Sie können zunächst auch einen kompletten Handabdruck der Kinder aufdrucken und in Ihrem Gruppenraum aufhängen, bevor Sie mit dem Gestalten beginnen. Auf diese Weise können die Kleinen erste Erfahrungen damit sammeln.

Hand- und Fingerabdrücke sind schnell gemacht und werden je nach Angebot zuerst oder zuletzt aufgedruckt. Fingerfarbe lässt sich mit Wasser und Seife gut abwaschen. Inzwischen wird auch spezielle Fingerfarbe für Krippenkinder im Fachhandel angeboten, die sich besonders leicht abwaschen lässt und auch, falls doch einmal etwas danebengehen sollte, aus Kleidungsstücken gut zu entfernen ist.

Probieren Sie aus, wie vielseitig die Gestaltungsmöglichkeiten sind, ganz gleich, ob Sie nur einzelne Finger oder die komplette Hand bemalen.

„Meine Hand kann malen."

Mit Finger- und Handabdrücken erhält ein lustiger **Krebs** seine Scheren und Beine und das Bemalen der Hände macht viel Spaß.

Aus der Handfläche und zwei Fingern der Kinder entsteht eine kunterbunte **Raupe**.

Ein fröhliches **Gesicht** erhält seine Haare aus Fingerabdrücken und jeder darf entscheiden, welche Haarfarbe er gern verwenden möchte.

Aus Handfläche und Fingern entsteht ein kleiner **Schneehase**, den die Kinder in eine Winterlandschaft drucken können.

Das **Zebra** bekommt seine schwarzen Streifen durch Fingerabdrücke und jeder darf selbst entscheiden, wie viele er davon drucken will.

Und nun wünsche ich Ihnen und Ihren Kindern viel Vergnügen beim Drucken mit Fingern und Händen.

Lustiger Krebs

Aus orangefarbenem Papier und etwas Fingerfarbe entsteht ein Krebs, der nicht nur im Sommer ein toller Blickfang ist.

Das brauchen Sie für den Krebs:

- Tonpapier: orange, weiß, schwarz
- blauer Papierbogen (etwa DIN A3)
- Fingerfarbe: orange
- Pinsel
- Fasermaler: schwarz
- Schere
- Locher
- Klebstoff

So gestalten die Kinder ihren Krebs:

Für den Körper:
Bereiten Sie ein orangefarbenes, 20 x 16 cm großes Rechteck vor (Körper) sowie einen 1,5 x 20 cm langen Streifen (Vorderbeine). Für die Augen fertigen Sie ein orangefarbenes, 3 x 10 cm großes und ein weißes, 1,5 x 6 cm großes Rechteck an.
Die Kleinen schneiden am Körper alle vier Ecken ab. Den Streifen schneiden sie mittig quer durch und befestigen die beiden entstandenen Hälften auf der Rückseite des Körpers. Das orangefarbene und weiße Rechteck schneiden sie mittig durch, verwenden die entstandenen Hälften als Augen und befestigen zwei schwarze Locherpunkte als Pupillen. Die Einzelteile des Körpers setzen die Kinder mit Klebstoff zusammen und zeichnen mit dem Fasermaler einen Mund.
Anschließend kleben die Kleinen den Krebs auf den blauen Papierbogen auf.

Für die Beine:
Mit Farbe und Pinsel bemalen Sie den Zeigefinger Ihrer Jüngsten und drucken diesen 6-mal an den Körper. Auf diese Weise erhält der Krebs seine Beine. Nach jedem Druckvorgang sollten Sie den Finger mit neuer Farbe bestreichen.

Für die Scheren:
Für die Scheren malen Sie den Zeige- und Ringfinger sowie die Handfläche der Kinder an und drucken diese rechts und links an die Vorderbeine.
Nach dem Trocknen können Sie den Krebs in Ihrem Gruppenzimmer als dekorativen Blickfang aufhängen.

■ „Gleich lacht mein Krebs."

■ „Nicht mehr lange und mein Krebs macht schnippel, schnippel, schnapp!"

■ So sieht ein fertiger Krebs aus.

Kunterbunte Raupe

„Hi, hi, das kitzelt!"

Mit bunten Fingerfarben und etwas Tonpapier gestalten die Kinder im Handumdrehen eine farbenfrohe Raupe.

Das brauchen Sie für die Raupe:
>> Fingerfarbe: gelb, orange, rot, grün, blau
>> weiße Papierbögen (etwa DIN A3)
>> Pinsel
>> Becher
>> Tonpapier: weiß, rot, schwarz
>> Schere
>> Klebstoff
>> Locher

So gestalten die Kinder ihre Raupe:

Für den Körper:
Bemalen Sie die Handfläche des Kindes mit gelber Fingerfarbe und drucken Sie diese auf den Papierbogen auf. Streichen Sie nun mit der orangefarbenen Fingerfarbe die Handfläche ein und drucken Sie diese dicht neben den gelben Abdruck auf das Papier. Als Nächstes sind die rote und anschließend die grüne Fingerfarbe an der Reihe. Für den Kopf bemalen Sie die Handfläche erneut mit grüner Farbe, zusätzlich den Zeige- und Ringfinger mit blauer Farbe für die beiden Fühler.

„Jetzt ist die rote Farbe an der Reihe."

Konzentriert werden die Augen aufgeklebt.

Für den Kopf:
Bereiten Sie einen weißen Papierstreifen und einen roten Kreis vor. Die Größe der Papierteile richtet sich nach der Größe der Handabdrücke. Die Kleinen schneiden vom weißen Streifen zwei Stücke als Augen ab und kleben schwarze Locherpunkte als Pupillen auf. Den Kreis teilen sie und verwenden eine Hälfte als Mund. Die Einzelteile des Gesichtes befestigen sie auf dem Raupenkopf. Einen roten Locherpunkt fixieren sie als Nase.

Eine kunterbunte Raupe ist fertig.

> **GUT ZU WISSEN:**
> Wenn Sie die Farben in oben genannter Reihenfolge auftragen, ist das Waschen der Handfläche zwischen den einzelnen Aufdrucken nicht nötig, da die immer dunkler werdenden Farbtöne den jeweils vorhergehenden überdecken.

Lachendes Gesicht

Ein fröhliches Gesicht erhält eine lustige Frisur aus Fingerabdrücken und selbst die Pupillen werden mit den Fingern gedruckt.

Das brauchen Sie für das Gesicht:
- Tonkarton: hautfarben, weiß, rot, rosa
- Fingerfarbe: schwarz, braun (oder nach Wunsch)
- Pinsel
- weiße Papierbögen (etwa DIN A3)
- Schere
- Klebstoff

So gestalten die Kinder ihr Gesicht:

Für den Kopf:

Schneiden Sie ein hautfarbenes, 18 x 18 cm großes Quadrat zu (Kopf), zwei weiße, 4 x 3 cm große Rechtecke (Augen), einen roten Kreis mit 8 cm Durchmesser (Mund), ein rosafarbenes, 3 x 3 cm großes Quadrat (Nase) und einen hautfarbenen Kreis mit 5 cm Durchmesser (Ohren).

Die Kleinen schneiden an Kopf, Nase und den Augen alle Ecken ab. Den roten Kreis halbieren sie und verwenden eine Hälfte als Mund. Den hautfarbenen Kreis schneiden sie ebenfalls mittig durch und verwenden beide Hälften als Ohren. Die Einzelteile des Gesichtes setzen sie mit Klebstoff zusammen und fixieren alles auf dem Papierbogen.

Für Haare und Pupillen:

Bemalen Sie Zeige-, Mittel-, Ring- und den kleinen Finger mit brauner Fingerfarbe (oder einer Farbe Ihrer Wahl) und drucken Sie diese als Haare an den Kopf. Um viele Haare drucken zu können, müssen Sie die Finger der Kinder mehrfach mit Farbe bestreichen.

Zuletzt tauchen die Kleinen die Spitze ihres Zeigefingers in schwarze Fingerfarbe ein und drucken in jedes Auge eine Pupille. Fertig ist ein fröhliches Gesicht. Womöglich sogar ihr eigenes?

> **GUT ZU WISSEN:**
> Stellen Sie den Kindern einen Spiegel zur Verfügung. Auf diese Weise können sie sehen, welche Haarfarbe sie selbst haben, und dementsprechend die Farbe auswählen.

● Hier wird der Mund geklebt.

● So sieht ein fertiges Gesicht aus.

Kleiner Schneehase

Ein Schneehase sitzt in einer weißen Winterlandschaft. Und das Beste daran: Man kann ihn mit den eigenen Händen ruck zuck drucken.

Das brauchen Sie für den Schneehasen:
» Fingerfarbe: weiß
» blauer Papierbogen (etwa DIN A4)
» Tonpapier: schwarz, weiß, rot
» Watte
» Schere
» Klebstoff
» Pinsel
» Locher
» optional: weißes Papier (Ton- oder Glanzpapier für die Winterlandschaft)

So gestalten die Kinder ihren Hasen:
Bemalen Sie für den Bauch die Handfläche der Kinder mit weißer Fingerfarbe und drucken Sie diese auf den blauen Papierbogen. Für den Kopf bemalen Sie die Handfläche erneut, zusätzlich den Zeige- und Ringfinger für die Hasenohren und drucken diese an den Bauch. Bereiten Sie einen schwarzen, 1 cm breiten Streifen vor (Augen) sowie einen 0,3 x 24 cm breiten Streifen (Barthaare) und einen roten, 1 cm breiten Streifen (Nase). Die Kleinen schneiden vom breiten, schwarzen Streifen zwei Stücke als Augen ab und kleben weiße Locherpunkte als Pupillen auf.
Den dünnen, schwarzen Streifen schneiden sie in drei Teile und verwenden diese als Barthaare. Für die Nase schneiden sie vom roten Streifen ein Stück ab. Nach dem Trocknen der Handabdrücke befestigen die Kinder die Papierteile am Hasen und fixieren etwas Watte als Schwänzchen.

> **GUT ZU WISSEN:**
> Wenn Sie möchten, geben Sie den Kindern zusätzlich weißes Papier, von welchem sie beliebig viele Stücke abreißen und als Winterlandschaft auf den blauen Papierbogen aufkleben können.

■ „Das kitzelt ..."

■ Jetzt wird gelocht.

■ So sieht der fertige Schneehase aus.

■ Nun sitzt der Hase im Schnee.

TIPP:
Wenn Sie lieber einen Osterhasen gestalten wollen, verwenden Sie einfach braune Fingerfarbe und einen grünen Papierbogen als Wiese.

Zebra mit „Fingerstreifen"

Gleich spazieren große, schwarzweiß gestreifte Zebras durch den Gruppenraum und jedes davon sieht anders aus.

Das brauchen Sie für das Zebra:

- Tonkarton: weiß
- Fingerfarbe: schwarz
- Pinsel
- Schere
- Klebstoff

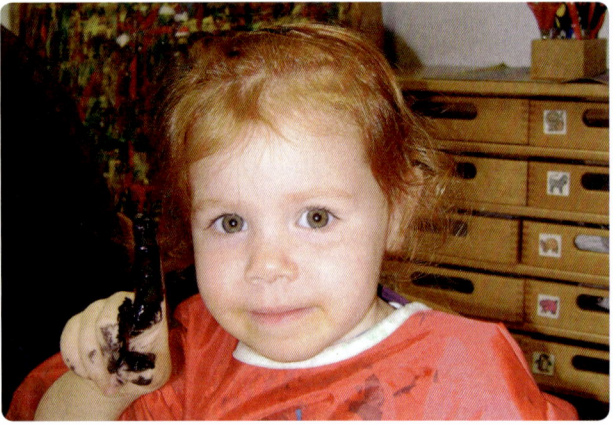

„Mein Finger ist ganz schwarz!"

So gestalten die Kinder ihr Zebra:

Für Kopf und Körper:

Bereiten Sie ein weißes, 10 x 16 cm großes Rechteck vor (Kopf), ein 5 x 4 cm großes Rechteck (Ohren), einen 10 cm breiten Streifen (Hals), ein 18 x 30 cm großes Rechteck (Bauch), zwei 30 x 3 cm große Streifen (Beine) und ein 5 x 20 cm großes Rechteck (Schwanz).
Die Kinder schneiden am Kopf alle vier Ecken ab und teilen die Ohren diagonal. Vom Hals schneiden sie ein etwa 15 cm langes Stück ab und am Bauch schneiden sie ebenfalls alle vier Ecken ab. Die beiden Streifen schneiden die Kinder mittig quer durch und verwenden alle entstandenen Hälften als Beine. Das große Rechteck teilen sie diagonal und verwenden eine Hälfte davon als Schwanz. Alle Einzelteile setzen sie mit Klebstoff zusammen.

Für die Streifen:

Bemalen Sie den Zeigefinger der Kinder mit schwarzer Fingerfarbe. Wenn es den Kindern schwerfällt, den Zeigefinger aufzudrücken, können Sie auch die Handkante bemalen und die Kinder drucken damit.
Nun drucken die Kleinen, so oft sie wollen, ihren Finger auf das Zebra. Sie können mehrfach drucken, ehe Sie neue Farbe auftragen sollten.
Wenn Sie möchten, können Sie dem Zebra noch Augen aus Papier schneiden oder aber Sie belassen es nur bei den schwarzen Streifen wie in unserem Fall.

Jetzt hat das Zebra an Kopf, Beinen und Bauch viele Streifen.

So sehen die fertigen „Streifenpferde" aus.

Besondere Drucktechniken

Einführung

Mit einfachen Drucktechniken können bereits Krippenkinder zu richtigen Künstlern werden. Im Handumdrehen entstehen individuelle Bilder mit farbenfrohen Mustern und wunderschönen Farbverläufen.

Bei den hier vorgestellten Methoden können die Kleinen ohne lange Wartezeiten sofort Ergebnisse sehen und sich an den entstandenen Kunstwerken freuen. Mit Finger- und Wasserfarben lassen sich alle fünf Techniken umsetzen, ohne dass eine lange Vorbereitungszeit nötig ist. Achten Sie darauf, den Kindern Papierbögen in stabiler Qualität zur Verfügung zu stellen, damit diese nicht so schnell aufweichen oder wellig werden. Auch sollte sich das Farbenangebot stets begrenzt halten und es sollten nicht mehr als vier Farben pro Technik zum Einsatz kommen. Sonst können sich die Bilder schnell zu braunen oder viel zu dunklen Farbmustern verändern und die Ergebnisse verlieren an Leuchtkraft.

Bei manchen Techniken sind zwei verschiedene Farben völlig ausreichend, um ein tolles Ergebnis zu erzielen. Mit wenigen Hilfsmitteln, die meist in jedem Haushalt oder jeder Kindertagesstätte zu finden sind, können die Kleinen kreativ sein und Farben auf eine ganz neue Weise kennenlernen.

■ „Oh, so schön bunt!"

Mit alten, ausgedienten **Spielzeugautos** dürfen die Kinder farbige Spuren auf dem Papierbogen hinterlassen.

Mit der **Klapptechnik** können neben einzigartigen Mustern auch tolle Bastelideen umgesetzt werden.

Murmeln und Tischtennisbälle zaubern kunterbunte Farbspuren auf das Papier und fördern die Koordination Ihrer Jüngsten.

Mit kindgerechten **Schwamm- oder Farbrollen** entstehen Farbexperimente, wie beispielsweise das Mischen von Grundfarben. Aber auch große Flächen, beispielsweise für Untergründe, können mit den Rollen in kurzer Zeit bemalt werden.

Der **Schwammdruck** lässt schöne Muster entstehen und die Kleinen können damit die verschiedensten Untergründe gestalten.

Für welche Technik Sie sich auch immer entscheiden, es werden einzigartige, farbenfrohe Kunstwerke entstehen, die sicher einen tollen Platz in Ihrer Einrichtung finden.

Auto-Technik

Alte Spielzeugautos müssen nicht gleich weggeworfen werden, denn man kann damit tolle Kunstwerke gestalten. Mit Fingerfarben und einem großen Papierbogen können die Fahrzeuge farbenfrohe Spuren hinterlassen und individuelle Muster „zaubern".

Das brauchen Sie für die Auto-Technik:
- alte, ausgediente Spielzeugautos
- Fingerfarben (verschiedene Farben)
- flache Behälter (gut geeignet sind flache Plastikteller)
- weiße, stabile Papierbögen (etwa DIN A3)

So gestalten die Kinder ihre Bilder mit der Auto-Technik:

Füllen Sie in jeden Behälter eine Fingerfarbe. Sollte diese sehr dickflüssig sein, rühren Sie einfach etwas Wasser unter. Sie können den Kleinen ganz unterschiedliche Farben zur Auswahl anbieten oder aber eine Farbe in unterschiedlichen Nuancen zur Verfügung stellen. Allerdings ist es nicht unbedingt empfehlenswert, Kontrastfarben zu nehmen (lila und gelb, rot und grün, blau und orange zusammen). Denn die Mischung ergibt oft einen graubraunen Farbton. Für jede Farbe sollten Sie ein Auto verwenden.

Die Kinder tauchen die Räder des Autos in die entsprechende Farbe ein und rollen es anschließend über ihren Papierbogen. Dabei drucken sie die Reifenprofile der Fahrzeuge auf dem Untergrund ab.

Jeder entscheidet selbst, welche Farben er verwenden möchte und wann das „Auto-Bild" fertig ist. Diese Technik können bereits die Kleinsten ausführen, da sie die Fahrzeuge einfach auf dem Papier hin- und herbewegen. Achten Sie darauf, den Kindern möglichst große Papierbögen zur Verfügung zu stellen, damit sie großflächig arbeiten und die Autos weiträumig darüber fahren lassen können.

■ „Mein Auto fährt auch mit Farbe an den Rädern prima."

■ „Mit den Autos malen macht Spaß!"

  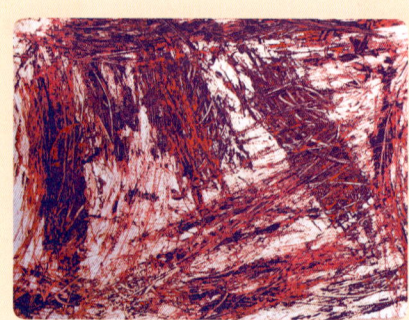

■ So sehen die fertigen Kunstwerke aus.

Klapp-Technik

Die „Klapptechnik", auch „Klecksografie" oder „Abklatschtechnik" genannt, begeistert Kinder aller Altersstufen. Das Tolle daran: Sie ist kinderleicht anzuwenden und die Ergebnisse faszinieren die Kinder.

Das brauchen Sie für die Klapp-Technik:

» Fingerfarben (verschiedene Farben)
» weiße Papierbögen (etwa DIN A3)

So gestalten die Kinder ihre Bilder mit der Klapp-Technik:

Zuerst falten Sie den Papierbogen mittig zusammen und öffnen ihn wieder. Dann tropfen Sie gemeinsam mit den Kindern eine kleine Menge Farbe direkt aus der Flasche vorsichtig auf eine Papierseite oder setzen Kleckse mit dem Pinsel auf das Papier.
Sind mehrere Farben auf das Papier getropft, falten Sie es wieder zusammen und die Kleinen streichen vorsichtig mit der flachen Hand darüber.
Durch das Darüberstreichen verteilen sich die Farben auf dem Papier und vermischen sich miteinander. Anschließend öffnen die Kinder den Papierbogen wieder. Nun ist ein Kunstwerk mit einem exakten Spiegelbild entstanden. Auf beiden Seiten des Papiers ist genau dasselbe, farbenfrohe Muster zu sehen. Staunend und fasziniert zugleich bewundern die Kinder ihre Bilder, welche jetzt nur noch trocknen müssen.

GUT ZU WISSEN:

Wenn Sie möchten, schneiden Sie eines der beiden bunten Muster aus und basteln eine Qualle daraus. Bereiten Sie einen weißen Papierstreifen für die Augen vor sowie einen roten Kreis für den Mund. Die Kinder schneiden zwei weiße Stücke als Augen ab und kleben schwarze Locherpunkte als Pupillen auf. Den Kreis halbieren sie und verwenden eine Hälfte als Mund. Die Einzelteile des Gesichtes setzen sie mit Klebstoff zusammen. Einen schwarzen Locherpunkt befestigen sie als Nase. Auf der Rückseite fixieren die Kleinen einige Wollfäden mit Klebeband als Tentakel.

■ So sieht die Klapp-Technik-Qualle aus.

■ Man muss ziemlich fest drücken, bis die Farbe heraustropft.

■ Konzentriert wird die Farbe verteilt.

■ Gespannt wird das Papier auseinandergefaltet.

■ Mit großen Augen wird das Bild bewundert.

Murmel-Technik

- Zuerst kommt Farbe auf das Papier.

- Jetzt kommen die Murmeln ins Spiel.

- „Oh, wie schön die Murmeln malen können!"
- Auch mit Bällen kann man prima malen.

Die sogenannte „Murmeltechnik" können schon kleine Kinder ohne Schwierigkeiten ausführen. Und die Ergebnisse können sich wirklich sehen lassen.

Das brauchen Sie für die Murmel-Technik:
» Pappkarton mit flachen Rändern
» weiße, stabile Papierbögen (Größe richtet sich nach der verwendeten Kartongröße)
» Fingerfarben
» Murmeln
» Behälter zum Hineinlegen der Murmeln

So gestalten die Kinder ihre Bilder mit der Murmel-Technik:

Zunächst legen Sie den Papierbogen in den Karton. Falls das Papier nicht liegen bleiben sollte, befestigen Sie es einfach mit etwas Klebeband im Karton. Gemeinsam mit Ihrer Hilfe tropfen die Kinder verschiedene Farben direkt aus der Flasche auf das Papier.
Dann legen die Kinder die Murmeln in den Karton hinein. Wie viele Murmeln Sie hierfür verwenden möchten, bleibt Ihnen überlassen.
Durch vorsichtiges Hin- und Herbewegen des Kartons rollen die Murmeln kreuz und quer durch die Farben und hinterlassen wunderschöne Spuren auf dem Papierbogen, welche anschließend nur noch trocknen müssen. Das Trocknen der Bilder kann etwas länger dauern, da die Farben an vielen Stellen oft recht dick aufgetragen sind.

> **GUT ZU WISSEN:**
> Sie können solche Bilder nicht nur mit Murmeln, sondern auch mit Tischtennisbällen herstellen. Die Farbspuren der Bälle sind deutlich breiter als die der Murmeln, aber die Technik ist die gleiche wie oben beschrieben.

Rollen-Technik

Mit kleinen Farbrollen, speziell für Kinderhände, lassen sich im Handumdrehen selbst große Flächen färben und das auf vielen Untergründen. Wenn Sie den Kleinen zwei Farben anbieten, entsteht wie durch Zauberei eine neue Farbe, da sich die beiden Farbtöne durch das Rollen miteinander mischen.

Zur Verdeutlichung:

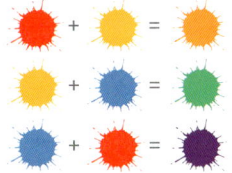

Das brauchen Sie für die Rollen-Technik:
- Fingerfarben
- Farbrolle
- weiße, stabile Papierbögen (etwa DIN A3)

So gestalten die Kinder ihre Bilder mit der Rollen-Technik:

Tropfen Sie zwei Farben direkt aus der Flasche auf den Papierbogen. Dabei können die Kleinen mithelfen. Die Kinder rollen nun mit der Farbrolle beliebig oft durch die Farbe hindurch. Bereits nach kurzer Zeit beginnen die zwei Farben, sich zu verändern ...
Nach dem Trocknen können Sie aus Tonkarton einen schönen Rahmen gestalten und das farbenfrohe Kunstwerk aufhängen.

- Jetzt kommt blaue Farbe dazu ...

- „Mein Bild wird auf einmal lila."

Farbrollen mit Struktur:

Es gibt auch kleine Farbrollen, die verschiedene Muster aufweisen: Wellen, Rechtecke, Punkte ... Damit lassen sich die tollsten Kunstwerke herstellen.
Füllen Sie die gewünschte Fingerfarbe in einen flachen Behälter und schon können die Kinder die Farbrolle hineintauchen. Anschließend rollen sie diese über ihren Papierbogen und sofort werden die Farbmuster sichtbar.

- „Uiiii, so viel grüne Farbe ..."
- „Ich kann mit zwei Rollen gleichzeitig malen."

> **GUT ZU WISSEN:**
> Mit den Farbrollen können die Kinder auch Untergründe gestalten. Hier bietet es sich an, die Farbe in ein flaches Gefäß zu füllen. In diesem Fall versuchen die Kinder dann, den ganzen Bogen mit Farbe zu bedecken.

Besondere Drucktechniken

Schwamm-Technik

Mit Schwämmen können bereits Krippenkinder tolle Kunstwerke gestalten, da sie den Schaumstoff gut greifen und festhalten können. Ob Sie mit dieser Technik Papierbögen, Keilrahmen, Ostereier oder andere Untergründe gestalten, bleibt Ihnen überlassen. Sie entscheiden auch, ob der Schwammdruck als Hintergrund für ein weiteres Kreativangebot dient oder als eigenständiges Bild gestaltet werden soll.

Das brauchen Sie für die Schwamm-Technik:

- Schwämme
- Wasserfarben
- flaches Gefäß (z.B. alten Plastikteller, Eisbehälter o.Ä.)
- weiße, stabile Papierbögen (etwa DIN A3) oder andere Untergründe nach Wahl

So gestalten die Kinder ihre Bilder mit der Schwamm-Technik:

Rühren Sie eine größere Menge der gewünschten Wasserfarbe an und geben Sie sie mit etwas Wasser in das Gefäß. Bieten Sie den Kleinen verschieden große Schwämme an. Diese gibt es im Bastelgeschäft zu kaufen. Es eignen sich aber ebenso gut handelsübliche Haushaltsschwämme, die Sie mit der Schere in Form schneiden können.

Die Kinder tauchen den Schwamm in die Farbe ein, lassen ihn erst etwas abtropfen und drücken ihn anschließend auf ihren Papierbogen. Wenn die Struktur des Schwamms beim Drucken erhalten bleiben soll, achten Sie darauf, nicht zu viel Wasser zu der Farbe hinzuzugeben.

Wenn Sie mit den Kindern z.B. einen Untergrund für ein Wasserbild gestalten möchten, bei welchem später ein leichter „Welleneffekt" vorhanden sein soll, geben Sie zu der blauen Farbe relativ viel Wasser hinzu. Dadurch fehlt beim Druck die Schwammstruktur.

Nach dem Trocknen sind die farbenfrohen Bilder ein toller Blickfang in jedem Gruppenzimmer.

> **GUT ZU WISSEN:**
> Für ein bunt gefärbtes Bild, bei dem die Farbschattierung im Vordergrund stehen soll, eignen sich Fingerfarben besser als Wasserfarben. Geben Sie verschiedene Farben in flache Gefäße und verwenden Sie für jede Farbe einen eigenen Schwamm.

„Ich drucke eine Wiese."

Das fühlt sich toll an!

Konzentriert werden viele bunte Schwammabdrücke aufgebracht.

Alltagsmaterialien

Einführung

Auch mit Dingen, die man im Alltag findet, kann man herrlich kreativ sein. Ob Flaschendeckel, Trinkhalme oder Kaffeefiltertüten – die Auswahl ist riesig. Diese kostengünstigen Utensilien sind leicht zu beschaffen und machen jede Bastelei zu einem Unikat. In Kombination mit Papier und Pappe wirken die gebastelten Figuren sogar leicht plastisch und erhalten eine kunterbunte Verzierung.

Auf diese Weise finden alltägliche Dinge eine ganz neue Verwendung. Auch lassen sich teils Gegenstände noch einmal verwenden, die dann nicht weggeworfen werden müssen. Sie können beispielsweise verschiedenfarbige Flaschendeckel in den unterschiedlichsten Größen sammeln, welche sich als Augen, Nasen oder Knöpfe verwenden lassen. Die Kinder dürfen sich dann Farbe und Größe selbst aussuchen.

Probieren Sie aus, welche Alltagsgegenstände Sie für Ihre Bastelarbeiten verwenden können. Vielleicht fallen Ihnen noch ganz andere Dinge ein, mit denen Sie kreativ sein können.

Beim Färben runder **Kaffeefiltertüten** können die Kinder eine Veränderung der Farben beobachten und gestalten daraus die Flügel für einen farbenfrohen Schmetterling.

Mit **Flaschendeckeln** lässt sich ein lustiges Clownsgesicht gestalten und die Kleinen verbessern ihre Fingerfertigkeit.

Aus **Kaffeefiltertüten** und **Wattestäbchen** können die Kinder eine Fledermaus herstellen und dabei malen, schneiden und kleben.

Die Figur eines Mädchens erhält ihre Beine aus bunten **Trinkhalmen** und beim Färben einer **Kaffeefiltertüte** entstehen farbenfrohe Farbverläufe.

■ Mit Konfetti kann man auch tolle Dinge basteln.

Mit gefärbten **Wattestäbchen** basteln die Kleinen einen fröhlichen Tausendfüßer.

Und nun wünsche ich Ihnen viel Spaß beim „Recycling-Basteln" mit Ihren Jüngsten.

Schmetterlinge aus Filtertüten

Mit einer einfachen Technik werden aus handelsüblichen, runden Kaffeefiltertüten bunte Unikate mit tollen Farbverläufen, die schon Krippenkinder herstellen können.

Das brauchen Sie für den Schmetterling:
- runde Kaffeefiltertüte, Größe 1 (weiß)
- Fasermaler: bunt (mit Tinte auf Wasserbasis)
- Pipette zum Befeuchten
- kleine Schüssel mit Wasser
- flaches Gefäß zum Trocknen (ausgedienter Teller, Blumenuntersetzer, Plastikdeckel o. Ä.)
- Tonkarton: bunt
- Schere
- Klebstoff

So gestalten die Kinder ihren Schmetterling:

Für die Flügel:
Die Kinder tupfen mit den Fasermalern bunte Punkte auf die Filtertüte oder zeichnen Striche und Linien in verschiedenen Farben.
Mithilfe einer Pipette wird die Filtertüte befeuchtet. Ziehen Sie etwas Wasser auf und zeigen Sie den Kleinen, dass durch Drücken viele Wassertropfen aus der Pipette träufeln.
Manche Kinder schaffen dies bereits selbstständig, andere benötigen dabei Ihre Hilfe. Sobald die Farbpunkte mit dem Wasser in Berührung kommen, beginnen sie, zu zerfließen, bluten aus und färben die Filtertüte mit wunderschönen Farbmustern, welche Sie am besten über Nacht trocknen lassen.

Für den Körper:
Bereiten Sie ein 2 x 10 cm großes Rechteck für den Körper vor sowie einen 0,5 cm langen Streifen für die Fühler. Die Kinder schneiden am Körper alle vier Ecken ab. Vom Streifen schneiden sie zwei Stücke ab, verwenden diese als Fühler und befestigen sie am Körper. Die getrocknete Filtertüte schneiden die Kleinen mittig durch, verwenden die entstandenen Hälften als Flügel und kleben sie an den Körper.

Hier werden bunte Punkte auf die Filtertüte getupft.

Die Farben verändern sich – spannend!

So sehen die fertigen Schmetterlinge aus.

GUT ZU WISSEN:
Wenn Sie einen kleinen Schmetterling basteln wollen, falten Sie die beiden Filtertütenhälften mittig zusammen und fertigen Sie für den Bauch ein 1,5 x 7 cm großes Rechteck an. Die Durchführung ist die gleiche wie oben. Welche Farben Sie für die Schmetterlinge verwenden, bleibt Ihnen und Ihren Kindern überlassen.

Faschingsclown mit Flaschendeckel

Mit etwas Hilfe werden die Einzelteile des Clowns zugeschnitten.

Dieser fröhliche Clown passt nicht nur zur Faschingszeit, sondern auch zum Thema Zirkus.

Das brauchen Sie für den Faschingsclown:
- Tonkarton: hautfarben
- Tonpapier: grün, gelb, weiß, rot, schwarz
- 3 Flaschendeckel
- Luftschlange
- Klebstoff
- Schere
- Locher
- Heißkleber

„Ich kann auch schon prima schneiden!"

Ich hab schon ganz viele Deckel ausgesucht.

So gestalten die Kinder ihren Faschingsclown:

Bereiten Sie ein hautfarbenes, 18 x 18 cm großes Quadrat vor (Kopf). Für den Mund schneiden Sie ein weißes, 12 x 4 cm großes Rechteck zu sowie einen roten Kreis mit 5 cm Durchmesser und für den Hut einen grünen Kreis mit 14 cm Durchmesser sowie einen gelben, 2 cm breiten Streifen.

Die Kinder schneiden am Kopf und am weißen Rechteck alle vier Ecken ab. Den roten und grünen Kreis halbieren sie und verwenden jeweils eine Hälfte für Mund und Hut. Vom gelben Streifen schneiden die Kleinen ein beliebig großes Stück als Hutkrempe ab. Die Einzelteile des Gesichtes setzen sie mit Klebstoff zusammen.

Die Kinder wählen drei Flaschendeckel aus, welche sie für Augen und Nase verwenden möchten.

Die Flaschendeckel befestigen Sie mit Heißkleber auf dem Gesicht.

ACHTUNG: Arbeiten mit dem Heißkleber dürfen nur von einem Erwachsenen ausgeführt werden!

Zwei schwarze Locherpunkte kleben die Kleinen als Pupillen auf die Augen. Für die Haare schneiden sie beliebig viele Stücke einer Luftschlange ab und fixieren sie mit Klebeband von hinten am Kopf.

So sieht ein fertiger Flaschendeckel-Faschingsclown aus.

Fledermaus mit Wattestäbchen

Diese Fledermaus ist alles andere als gruselig – ihre Zähne bestehen aus Wattestäbchen!

Das brauchen Sie für die Fledermaus:
- 2 Kaffeefiltertüten Größe 4 (weiß oder braun)
- Fingerfarbe: schwarz
- Pinsel
- Tonkarton: schwarz, weiß
- 3 Wattestäbchen
- Schere
- Klebstoff
- Klebeband
- Locher

So gestalten die Kinder ihre Fledermaus:

Mit Pinsel und schwarzer Fingerfarbe bemalen die Kleinen beide Filtertüten auf je einer Seite und lassen sie trocknen.

Bereiten Sie einen weißen, 1,5 cm breiten Streifen (Augen) vor sowie ein schwarzes, 3,5 x 5 cm großes Rechteck (Ohren) und ein 18 x 18 cm großes Quadrat (Flügel). Die Kinder schneiden vom weißen Streifen zwei Stücke als Augen ab und kleben schwarze Locherpunkte als Pupillen auf.

Das schwarze Rechteck und das Quadrat schneiden sie diagonal durch und verwenden die entstandenen Dreiecke als Ohren und Flügel. Die getrockneten Kaffeefiltertüten kleben Sie als Körper zusammen (mit den breiten Seiten übereinander). Die Einzelteile setzen die Kinder mit Klebstoff zusammen.

Legen Sie drei Wattestäbchen für Zähne und Füße bereit. Die Kleinen schneiden ein Wattestäbchen mittig durch und verwenden die beiden Hälften als Fledermauszähne. Womöglich benötigen sie hierbei Ihre Hilfe! Die Zähne befestigen Sie mit Klebeband in der oberen geöffneten Filtertüte. Die anderen beiden Wattestäbchen fixieren die Kinder als Beine von hinten am Körper. Fertig ist eine fröhliche Fledermaus.

■ Zuerst werden die Filtertüten bemalt.

■ Mit etwas Hilfe ist es leicht.　■ Die Augen sind gleich fertig.

■ So sieht eine fertige Fledermaus aus.

GUT ZU WISSEN:
Wer möchte kann auch braune Fledermäuse herstellen. Einfach braune Fingerfarbe und braunes Tonpapier benutzen.

Mädchen mit Trinkhalmen

Hier werden verschiedene Alltagsmaterialien in ungewöhnlicher Weise verwendet.

Das brauchen Sie für das Mädchen:
- Kaffeefiltertüte Größe 4 (weiß)
- Pinsel und Wasserfarben
- Sprühflasche zum Befeuchten
- Tonkarton: hautfarben, weiß, rosa, blau, gelb
- 2 Trinkhalme
- Schere
- Klebstoff/Klebeband
- Locher
- Märchenwolle: gelb (oder Farbe nach Wunsch)

So gestalten die Kinder ihr Mädchen:

Für den Rock:
Befeuchten Sie mit einer Sprühflasche die Filtertüte. Die Kleinen tupfen nun verschiedene Wasserfarben auf die Tüte. Sogleich beginnen die Farben, ineinanderzufließen. Die betupfte Filtertüte lassen Sie am besten über Nacht trocknen.

Für den Kopf:
Schneiden Sie ein hautfarbenes, 6 x 6 cm großes Quadrat zu (Kopf), einen weißen, 1 cm breiten Streifen (Augen), einen rosafarbenen Kreis mit 2,5 cm Durchmesser (Mund) und einen hautfarbenen, 1,5 cm breiten Streifen (Hals). Die Kinder schneiden am Kopf alle vier Ecken ab. Vom weißen Streifen schneiden sie zwei Stücke als Augen ab und kleben blaue Locherpunkte als Iris auf.
Den Kreis schneiden sie mittig durch und verwenden eine Hälfte als Mund. Für den Hals schneiden sie ein Stück des hautfarbenen Streifens ab. Die Einzelteile des Gesichtes setzen sie mit Klebstoff zusammen. Einen rosafarbenen Locherpunkt verwenden sie als Nase, gelbe Märchenwolle als Haare.

Für den Körper:
Bereiten Sie einen gelben, 5 cm breiten Streifen und einen 16 x 2 cm breiten Streifen vor (Bauch/Arme) sowie einen hautfarbenen Kreis mit 2,5 cm Durchmesser (Hände). Die Kinder schneiden vom dicken Streifen ein etwa 8 cm langes Stück als Bauch ab. Den dünnen Streifen und den Kreis schneiden sie mittig durch und verwenden die entstandenen Hälften als Arme und Hände. Die Einzelteile des Körpers setzen sie mit Klebstoff zusammen. Die getrocknete Filtertüte kleben die Kinder als Rock an den Körper. Zwei Trinkhalme in der Farbe ihrer Wahl befestigen Sie als Beine mit Klebeband innen in der Filtertüte.

- Die Arme kann ich schon alleine schneiden.
- Sorgfältig werden die Haare aufgeklebt.

- So sieht das Mädchen aus.

Tausendfüßer aus Wattestäbchen

Wer krabbelt denn hier? Und wie viele Beine hat er überhaupt? Jedenfalls ziemlich viele!

Das brauchen Sie für den Tausendfüßer:
- 14 Wattestäbchen (oder weniger)
- Wasserfarben
- Pinsel
- Tonkarton: gelb, weiß, rot, schwarz, grün
- Schere
- Klebstoff, Klebeband
- Locher
- Becher

Den Kopf kann ich ohne Hilfe basteln.

Konzentriert werden die Augen geklebt.

So gestalten die Kinder ihren Tausendfüßer:

Für Beine und Fühler:
Die Kleinen bemalen für die Fühler zwei und für die Beine zwölf (oder weniger) Wattestäbchen mit Wasserfarben. Dabei malen sie bei jedem Stäbchen nur eine Seite an und lassen diese über Nacht trocknen. Hierzu stellen Sie die Stäbchen mit der bemalten Seite nach oben in einen Becher. Welche Farbe die Kinder verwenden, bleibt ihnen überlassen.

Für den Kopf:
Bereiten Sie ein gelbes, 10 x 8 cm großes Rechteck vor (Kopf), einen weißen, 1,5 cm breiten Streifen (Augen) und einen roten Kreis mit 4 cm Durchmesser (Mund). Die Kinder schneiden am Kopf alle vier Ecken ab. Vom weißen Streifen schneiden sie zwei Stücke als Augen ab und kleben schwarze Locherpunkte als Pupillen auf. Den Kreis schneiden die Kinder mittig durch und verwenden eine Hälfte davon als Mund. Die Einzelteile des Gesichtes setzen sie mit Klebstoff zusammen. Einen roten Locherpunkt verwenden sie als Nase.

Für den Körper:
Schneiden Sie ein grünes, 30 x 6 cm großes Rechteck als Bauch zu. Die Kinder schneiden daran alle Ecken ab. Den Kopf befestigen sie am Bauch. Zwei der getrockneten Wattestäbchen fixieren sie als Fühler mit Klebeband von hinten am Kopf. Die restlichen Stäbchen befestigen sie als Beine von hinten am Körper.

So sieht ein fertiger Wattestäbchen-Tausendfüßer aus.

> **GUT ZU WISSEN:**
> Anstatt die Wattestäbchen mit Pinsel und Farbe zu bemalen, können Sie den Kindern noch eine andere Technik anbieten: Rühren Sie einfach die entsprechenden Wasserfarben mit etwas Wasser in einem Becher an und Ihre Jüngsten können die Wattestäbchen einfach in die Flüssigkeit eintauchen.

Naturmaterialien

Einführung

Kinder lieben es, draußen in der Natur zu sein. Da gibt es so vieles zu entdecken und zu bestaunen. Ob bei einem Waldspaziergang oder einem Ausflug in den Stadtpark, überall bietet die Natur einen wahren Schatz an kreativen Dingen an.

Vor allem im Herbst, wenn viele Früchte der Bäume und Sträucher auf den Boden fallen, lohnt es sich, etwas genauer hinzuschauen. Eicheln, Nüsse, Kastanien oder Ahornsamen – wohin man schaut, entdeckt man Dinge, mit denen man hervorragend kreativ tätig sein kann. Doch auch während der anderen Jahreszeiten findet man in der Natur tolle Dinge, wie Stöcke, Zapfen, Moos oder Steine.

Weisen Sie die Kinder auf einen achtsamen Umgang mit Naturmaterialien hin. So sollten keine Äste, Blätter oder Früchte abgerissen werden, sondern nur Dinge gesammelt werden, welche bereits am Boden liegen.

ACHTUNG: Achten Sie auch darauf, dass die Kinder keinen Zugang zu giftigen Pflanzen(teilen) haben!

Die Kleinen werden bestimmt viel Freude beim Suchen und Sammeln haben. Mitgebrachte Körbe helfen, die gefundenen Materialien zu transportieren und sicher in die Einrichtung zu bringen. Lassen Sie die Fundstücke gut trocknen, bevor Sie diese zum Basteln verwenden. Zum Aufbewahren eignen sich Pappkartons hervorragend.

Ein Basteln ausschließlich mit Naturmaterialien ist für Krippenkinder noch nicht möglich. Oft müssen diese Dinge mit Heißkleber befestigt werden, was ausschließlich von Ihnen übernommen werden darf! In Kombination mit Papier und Pappe jedoch können auch Kinder unter drei Jahren tolle Kunstwerke herstellen. Die gesammelten Naturmaterialien setzen dabei wunderschöne Akzente und machen jedes Modell zu einem Unikat.

● „Bestimmt brauchen wir auch Kastanien."

Aus gesammelten Ahornsamen entsteht der Propeller für einen **Hubschrauber** und beim Schneiden des Tonkartons verbessern die Kinder ihre Feinmotorik.

Ein Eichelhütchen, Ahornsamen und ein Blattstiel sind Bestandteile eines lustigen **Dackels**, welchen die Kleinen mit etwas Hilfe selbst herstellen können.

Mit Moos und Rindenstücken können die Kinder einen **Frosch** und eine **Kröte** basteln, deren verschiedene Oberflächenstrukturen einen taktilen Anreiz schaffen.

Gesammelte Bucheckern kommen bei zwei lustigen **Hühnern** zum Einsatz und werden den Kleinen viel Freude bereiten.

Bastelfedern und zwei Stöcke machen einen **Storch** aus Papier zu etwas ganz Besonderem.

Ich wünsche Ihnen viel Spaß beim Suchen, Sammeln und Basteln mit allem, was die Natur zu bieten hat.

Hubschrauber mit Ahornsamen

Einfach herzustellen ist ein toller Hubschrauber, dessen Propeller aus gesammelten Ahornsamen besteht. Mit etwas Tonkarton kombiniert, können die Kinder dieses Flugobjekt mit Ihrer Hilfe herstellen.

Das brauchen Sie für den Hubschrauber:
» Tonkarton: gelb, grau, blau, schwarz
» Schere
» Klebstoff
» Heißkleber (und/oder Holzleim)
» Naturmaterial: 3 Ahornsamen

So gestalten die Kinder ihren Hubschrauber:

Bereiten Sie ein gelbes, 12 x 12 cm großes Quadrat vor (Cockpit) sowie ein, 5 x 20 cm großes Rechteck (Mittelteil). Fertigen Sie weiterhin ein blaues, 5 x 5 cm großes Quadrat an (Fenster), zwei schwarze, 0,5 cm und 1 cm breite Streifen (Kufen und Propelleraufhängung), zwei graue, 14 x 3 cm große Rechtecke (großer Propeller) und für die Propelleraufhängung ein schwarzes, 2 x 2 cm großes Quadrat.

Die Kinder schneiden am Cockpit alle vier Ecken ab. Das gelbe Rechteck schneiden die Kleinen diagonal durch, schneiden die Spitze ab und verwenden es als Mittelteil für ihren Hubschrauber. Das blaue Quadrat schneiden sie ebenfalls diagonal durch und verwenden eine Hälfte davon als Fenster. Vom dünnen, schwarzen Streifen schneiden die Kinder zwei kurze Stücke, vom dicken Streifen ein langes Stück ab. Die beiden kurzen Stücke kleben sie an das lange und verwenden es als Kufen. Die beiden grauen Rechtecke schneiden die Kinder diagonal durch und verwenden diese als Propeller. Für die Propelleraufhängung schneiden sie am breiten schwarzen Streifen ein weiteres Stück ab und am schwarzen Quadrat alle vier Ecken. Die Einzelteile des Hubschraubers setzen sie mit Klebstoff zusammen. Drei Ahornsamen werden mit Holzleim am hinteren Ende befestigt und schon ist der Hubschrauber startklar.

ACHTUNG: Wenn Sie die Ahornsamen mit Heißkleber fixieren, darf dieser Arbeitsschritt nur von Ihnen ausgeführt werden.

■ Eifrig werden Ahornsamen gesammelt und im Eimer mit in die Einrichtung transportiert.

■ Um das Cockpit zuzuschneiden, braucht man Konzentration.

■ So sieht der fertige Hubschrauber aus.

GUT ZU WISSEN:
Wenn Sie eine Schnur am Hubschrauber anbringen, können Sie ihn auch im Raum oder am Fenster fliegen lassen.

Dackel mit Naturmaterialien

Mit etwas Papier und einigen gesammelten Naturmaterialien lässt sich im Handumdrehen ein lustiger Hund herstellen. Einfache geometrische Formen aus Papier können von den Kindern leicht geschnitten und als Körper verwendet werden. Blattstiel, Eichelhütchen und Ahornsamen setzen individuelle Akzente und lassen den kleinen Hund beinahe lebendig wirken.

Das brauchen Sie für den Dackel:
- Tonkarton: braun, rot, weiß, schwarz
- Schere
- Klebstoff
- Locher
- Klebeband
- Heißkleber (und/oder Holzleim)
- Naturmaterial: 1 Blattstiel, 1 Eichelhütchen, 2 Ahornsamen

So gestalten die Kinder ihren Dackel:

Für den Kopf:
Bereiten Sie ein braunes, 10 x 6 cm großes Rechteck vor (Kopf) sowie einen roten Kreis mit 2 cm Durchmesser (Mund) und einen weißen, 1 cm breiten Streifen (Auge). Die Kinder schneiden am Kopf alle vier Ecken ab. Den Kreis schneiden sie mittig durch und verwenden eine Hälfte als Mund. Vom weißen Streifen schneiden sie ein Stück als Auge ab und befestigen einen schwarzen Locherpunkt als Pupille. Die Einzelteile des Gesichtes setzen sie mit Klebstoff zusammen.

Ein Eichelhütchen befestigen Sie als Nase und zwei Ahornsamen als Ohren. Dazu verwenden Sie am besten Heißkleber oder Holzleim.

ACHTUNG: Wie immer gilt, dass der Heißkleber nur von Erwachsenen gehandhabt werden darf.

Für den Körper:
Schneiden Sie ein braunes, 16 x 8 cm großes Rechteck zu (Bauch) und einen 1,5 x 20 cm langen Streifen (Beine). Die Kleinen schneiden am Bauch alle vier Ecken ab. Den Streifen schneiden sie quer in vier Teile und befestigen diese als Beine auf der Rückseite des Bauches. Einen Blattstiel fixieren sie mithilfe eines Klebstreifens ebenfalls auf der Bauchrückseite. Zuletzt kleben die Kinder den Kopf an den Körper und fertig ist der fröhliche Dackel.

- Sorgfältig wird ein passendes Eichelhütchen für die Nase ausgewählt.

- „Gleich kann mein Hund sehen!"

- Wir haben einen Ast mit Eicheln auf dem Boden gefunden.

- So sieht der fertige Dackel aus.

Moosfrosch & Rindenkröte

Zwei lustige Gesellen lassen sich aus getrocknetem Moos und einem Stück Baumrinde herstellen. Beide Bastelideen werden identisch hergestellt.

Das brauchen Sie für den Moosfrosch:
- Tonkarton: dunkelgrün, hellgrün, weiß, schwarz
- Schere
- Locher
- Klebstoff
- Fasermaler: schwarz
- Heißkleber
- Naturmaterial: Moos

Hinweis: Moossammeln ist nicht überall erlaubt, da viele Moosarten unter Schutz stehen. Erkundigen Sie sich vorab, ob Sie in dem von Ihnen vorgesehenen Gelände sammeln dürfen. Vielleicht können ja auch einige Eltern etwas aus ihrem Garten zur Verfügung stellen.

Das brauchen Sie für die Rindenkröte:
- Tonkarton: dunkelbraun, hellbraun, weiß, schwarz
- Naturmaterial: Rindenstück
- weitere Utensilien: s. o.

So gestalten die Kinder Frosch und Kröte:

Für die Köpfe:
Die Größenangaben der Papierteile richten sich nach der Größe ihres Moos-/Rindenstücks. Schneiden Sie für den Kopf ein dunkelgrünes bzw. dunkelbraunes Quadrat zu, für die Augen je zwei dunkelgrüne bzw. dunkelbraune Rechtecke sowie einen weißen Streifen.
Die Kleinen schneiden jeweils am Kopf alle vier Ecken ab und an den Rechtecken auf je einer schmalen Seite beide Ecken. Vom weißen Streifen schneiden sie zwei Stücke ab und kleben schwarze Locherpunkte als Pupillen auf. Die Einzelteile des Gesichtes setzen sie mit Klebstoff zusammen. Den Mund zeichnen sie mit einem schwarzen Fasermaler, zwei schwarze Locherpunkte befestigen sie als Nasenlöcher.

Für die Körper:
Bereiten Sie einen dunkelgrünen bzw. dunkelbraunen Streifen für Arme und Beine vor sowie zwei hellgrüne bzw. hellbraune Kreise für Hände und Füße.
Die Kinder schneiden vom Streifen vier Stücke als Arme und Beine ab. Die beiden Kreise schneiden sie mittig durch und verwenden die entstandenen Hälften als Hände und Füße. Die Einzelteile setzen Sie mit Klebstoff zusammen.

ACHTUNG: Zuletzt befestigen Sie mit Heißkleber Kopf, Arme und Beine am Moos- bzw. Rindenstück und fertig sind Frosch und Kröte.

- Mit Fingerspitzengefühl wird das Gesicht des Moosfroschs gestaltet.
- Eigenständig werden Arme und Beine fertiggestellt.

- Gestatten: Moosfrosch und Rindenkröte!

Huhn & Hahn

Mit einigen Bucheckernschalen und einem Stock lassen sich prima ein Huhn und ein Hahn gestalten, die fröhlich gackernd auf der Hühnerstange sitzen.

Das brauchen Sie für das Huhn:
- Tonkarton: gelb, weiß, orange, schwarz
- Schere
- Klebstoff
- Locher
- Naturmaterial: 2 Bucheckernschalen
- Heißkleber (und/oder Holzleim)

Das brauchen Sie für den Hahn:
- Tonkarton: weiß, schwarz, rot
- weitere Utensilien: s. o.
- zusätzlich einen Stock

So gestalten die Kinder ihr Huhn:
Schneiden Sie ein gelbes, 16 x 20 cm großes Rechteck zu (Bauch), ein orangefarbenes, 3 x 5 cm großes Rechteck (Schnabel) und einen weißen, 1,5 cm breiten Streifen (Augen). Die Kleinen schneiden den Bauch auf einer schmalen Seite spitz zu. Das Rechteck schneiden sie diagonal durch und verwenden eine Hälfte davon als Schnabel. Vom weißen Streifen schneiden sie zwei Stücke als Augen ab und kleben schwarze Locherpunkte als Pupillen auf. Die Einzelteile setzen sie mit Klebstoff zusammen.

ACHTUNG: Zwei Bucheckernschalen befestigen Sie mit Heißkleber oder Holzleim als Krallenfüße von hinten am Hühnerbauch.

So gestalten die Kinder ihren Hahn:
Bereiten Sie ein weißes, 16 x 20 cm großes Rechteck vor (Bauch), ein rotes, 3 x 5 cm großes Rechteck (Schnabel), einen schwarzen, 1,5 cm breiten Streifen (Augen) und zwei rote, 1,5 x 2 cm große Rechtecke (Kamm). Die Vorgehensweise ist identisch wie bei dem Huhn. Die roten Rechtecke schneiden die Kleinen diagonal durch und verwenden die entstandenen Dreiecke für den Hahnenkamm. Die Einzelteile setzen sie mit Klebstoff zusammen. Wieder befestigen Sie zwei Bucheckernschalen mit Heißkleber oder Holzleim.

ACHTUNG: Fixieren Sie nun Huhn und Hahn mit Heißkleber auf einem Stock und schon sitzen die beiden fröhlich gackernd auf der Hühnerstange.

„Welche Buchecker nehme ich denn jetzt?"

Fertig sind Huhn und Hahn.

Klapperstorch mit Stöckchen und Federn

„Ich hab einen Stock gefunden!"

Die Auswahl der Federn ist gar nicht so leicht.

Mit etwas Tonkarton und schwarzen Bastelfedern entsteht ein großer Storch, der mit seinen schlanken Stöckchenbeinen am Fenster seine Runden drehen kann.

Das brauchen Sie für den Storch:

>> Tonkarton: weiß, schwarz, orange
>> Schere
>> Klebstoff
>> Locher
>> Naturmaterial: 2 Stöcke, Bastelfedern: schwarz
>> Klebeband (alternativ: Heißkleber)

So gestalten die Kinder ihren Storch:

Für den Kopf:

Schneiden Sie ein weißes, 6 x 6 cm großes Quadrat zu (Kopf), einen schwarzen, 1 cm breiten Streifen (Auge), ein orangefarbenes, 12 x 3 cm großes Rechteck (Schnabel) und einen weißen, 3 cm breiten Streifen (Hals). Die Kleinen schneiden am Kopf alle vier Ecken ab. Vom schwarzen Streifen schneiden sie ein Stück als Auge ab, und kleben einen weißen Locherpunkt als Pupille auf. Das Rechteck schneiden sie diagonal durch und verwenden ein entstandenes Dreieck als Schnabel. Vom weißen Streifen schneiden die Kinder ein etwa 20 cm langes Stück als Hals ab. Die Einzelteile des Kopfes setzen sie mit Klebstoff zusammen.

Für den Körper:

Bereiten Sie für den Bauch einen weißen und einen schwarzen Kreis vor, jeweils mit 17 cm Durchmesser. Für das obere Stück der Beine schneiden Sie zwei weiße, 3 x 3 cm große Quadrate zu.
Den weißen Kreis halbieren die Kleinen und verwenden eine Hälfte davon. Den schwarzen Kreis vierteln sie und verwenden einen Viertelkreis für den Bauch. Die beiden Quadrate schneiden sie auf jeweils einer Seite schräg zu. Die Einzelteile des Körpers setzen sie mit Klebstoff zusammen. Den fertiggestellten Körper befestigen sie am Hals. Als Flügel fixieren die Kleinen einige Federn mit Klebstoff und als Beine befestigen sie von hinten zwei Stöcke mit Klebeband oder Holzleim.

So sieht der Storch aus.

> **GUT ZU WISSEN:**
> Für einen noch besseren Halt können Sie die Stöcke auch mit Heißkleber anbringen.
> **ACHTUNG:** Dieser Arbeitsschritt darf jedoch nur von einem Erwachsenen ausgeführt werden!

Rollen, Schachteln & Co.

Einführung

Leere Rollen, Schachteln und andere Behälter müssen nicht weggeworfen werden, denn es lassen sich die tollsten Dinge daraus herstellen. Alles, was Sie zum kreativen Gestalten brauchen, ist etwas Fingerfarbe und Papier. Kombiniert mit Bastelfedern, Watte oder Märchenwolle, sind leere Verpackungen optimal geeignet, um damit zu basteln. Ob Toiletten- oder Küchenpapierrollen, Kartons, Pappschachteln oder leere Alltagsverpackungen, es lohnt sich allemal, diese zu sammeln. Am besten eignen sich unbedruckte Schachteln und Kisten. Aber auch Alltagsverpackungen, wie Seifenschachteln, Müsli- oder Teekartons, können Sie hierfür verwenden. Trennen Sie einfach die jeweilige Verpackung an der geklebten Faltstelle vorsichtig auseinander (am besten, indem Sie ein Messer zwischen die geklebten Teile führen), falten Sie die Verpackung mit der Innenseite nach außen und kleben Sie diese dann wieder mit Klebstoff zusammen.

Sie können auch einen Aushang gestalten und auf diese Weise bei den Eltern nachfragen, wer Ihnen beim Mitsammeln helfen kann. Sicher sind die Eltern gern dazu bereit, Sie bei diesem Projekt zu unterstützen. Auf diese Weise haben Sie schnell die benötigten Materialien beisammen, die Sie für das Gestalten brauchen.

Ob Tiere, Figuren oder andere Bastelideen, die Möglichkeiten sind schier unendlich und Sie können sich im folgenden Kapitel erste Anregungen dazu holen. Bestimmt fallen Ihnen noch viele weitere Dinge ein, die Sie aus Verpackungen, Kartons und Kisten herstellen können. Die Kinder werden sicher viel Spaß dabei haben, denn sie können malen, schneiden und kleben und am Ende entsteht eine dreidimensionale Figur, die sicher auf jeder Fensterbank einen schönen Platz finden wird.

Eine leere **Käseschachtel** wird im Handumdrehen zu einem farbenfrohen Meeresfisch und die Kleinen können ihn nach ihren Wünschen bemalen.

■ Mit viel Freude wird die grüne Farbe aufgetragen.

Aus einem kleinen **Karton** entsteht ein freundlicher Förster und beim Schneiden und Kleben der Papierteile bauen die Kinder ihre Feinmotorik aus.

Zur Advents- oder Weihnachtszeit können Ihre Jüngsten aus leeren **Alltagsverpackungen** Kerzen in allen Größen herstellen und zaubern auf diese Weise eine wunderschöne Weihnachtsdekoration.

Aus einer leeren **Toilettenpapierrolle** dürfen die Kleinen einen Indianerjungen basteln und ein Blumentopf wird zum Tipi.

Mit etwas Watte wird aus einer leeren **Toilettenpapierrolle** ein fröhliches Schaf, das sich auch noch kuschelig weich anfühlt.

Ich wünsche Ihnen und Ihren Kindern viel Vergnügen dabei, Rollen, Schachteln & Co. in etwas ganz Neues zu verwandeln.

Bunter Meeresfisch

Eine leere Käseschachtel muss nicht weggeworfen werden, denn man kann sie prima für einen farbenfrohen Meeresfisch verwenden, der schnell gebastelt ist.

Das brauchen Sie für den Fisch:
» Boden einer leeren Käseschachtel
» Tonpapier: gelb, rot, weiß, schwarz (evtl. weitere Farben nach Wahl)
» Fingerfarbe: grün (oder nach Wahl)
» Pinsel
» Schere
» Klebstoff
» Locher

So gestalten die Kinder ihren Fisch:

Für den Körper:
Die Kleinen bemalen mit Fingerfarbe und Pinsel die Käseschachtel und lassen sie trocknen.
Für den Bauch des Fischs eignen sich sowohl ovale Käseschachteln (Länge etwa 13 cm) als auch runde mit einem Durchmesser von etwa 9 cm. Die Kinder dürfen selbst entscheiden, welche Form ihr Fisch bekommen soll. Beim Anmalen des Schachtelrands sollten Sie die Schachtel festhalten, damit die Kleinen sie besser bemalen können und sie nicht wegrutscht.

Für Gesicht und Flossen:
Bereiten Sie einen weißen, 1,5 cm breiten Streifen vor (Auge), einen roten Kreis mit 2,5 cm Durchmesser (Mund) und ein gelbes, 7 x 7 cm großes Quadrat (Flossen).
Die Kleinen schneiden vom weißen Streifen ein Stück als Auge ab und kleben einen schwarzen Locherpunkt als Pupille auf. Den Kreis schneiden sie mittig durch und verwenden eine Hälfte davon als Mund. Das Quadrat schneiden sie diagonal durch und verwenden eine Hälfte als Schwanzflosse. Die andere Hälfte schneiden sie erneut durch und verwenden die entstandenen Dreiecke als Seitenflossen. Das Gesicht fixieren die Kinder mit Klebstoff an der getrockneten Käseschachtel. Die Schwanzflosse befestigen sie am Schachtelrand, indem sie diese an der Spitze etwa 1 cm weit umknicken und ankleben. Die Seitenflossen knicken sie auf der schmalen Seite um und befestigen diese seitlich am Schachtelrand. Dabei benötigen die Kinder Ihre Hilfe!

■ So sieht der fertige Käseschachtel-Fisch aus.

■ Mit Feingefühl wird die Käseschachtel bemalt.

■ „Mein Fisch wird kugelrund."

Förster Felix

Aus einem leeren Karton entsteht ein Förster mit tollem Federhut. Die Größen der Papierteile passen Sie einfach der Größe Ihres gewählten Pappkartons an.

Das brauchen Sie für den Förster:

» leerer Pappkarton
» Fingerfarbe: grün
» Pinsel
» Tonkarton: hautfarben, weiß, schwarz, rot, grün, hellbraun, dunkelbraun
» Bastelfedern
» Schere
» Klebstoff
» Locher
» Klebeband
» Märchenwolle: braun

So gestalten die Kinder ihren Förster:

Für den Körper:
Die Kleinen bemalen den Karton mit grüner Fingerfarbe und lassen ihn anschließend trocknen.

Für den Kopf:
Bereiten Sie ein hautfarbenes Quadrat vor (Kopf), einen weißen Streifen (Augen), einen roten Kreis (Mund) und einen hautfarbenen Streifen (Hals). Für den Hut schneiden Sie einen grünen Kreis sowie einen hellbraunen Streifen zu.
Die Kinder schneiden am Kopf alle vier Ecken ab. Vom weißen Streifen schneiden sie zwei Stücke als Augen ab und kleben schwarze Locherpunkte als Pupillen auf. Den Kreis schneiden sie mittig durch und verwenden eine Hälfte davon als Mund. Vom hautfarbenen Streifen schneiden sie ein Stück als Hals ab. Den grünen Kreis halbieren sie und verwenden eine Hälfte für den Hut. Vom braunen Streifen schneiden sie ein Stück als Hutkrempe ab. Die Einzelteile des Gesichtes setzen die Kleinen mit Klebstoff zusammen. Einen roten Locherpunkt befestigen sie als Nase. Etwas braune Märchenwolle fixieren sie als Haare und kleben den Hut darüber. Einige Bastelfedern befestigen sie mit Klebeband von hinten am Hut.

Für Arme und Beine:
Schneiden Sie einen grünen und einen hellbraunen Streifen zu (Arme/Beine) sowie einen hautfarbenen und einen dunkelbraunen Kreis (Hände/Füße).
Die Kinder halbieren Streifen und Kreise und kleben sie als Arme und Beine zusammen. Die Einzelteile des Försters befestigen sie am getrockneten Pappkarton. Den Hals knicken Sie hierfür auf einer Seite etwas um und kleben ihn am Karton fest. Schon ist der freundliche Förster Felix fertig.

■ Hoch konzentriert bemalen schon die Jüngsten ihren Pappkarton.

■ Sorgfältig werden die passenden Federn für den Försterhut ausgesucht.

■ Der Förster sitzt nun gemütlich auf der Fensterbank.

Weihnachtskerzen

„Ich kann meine Kerze schon ganz alleine bemalen."

Die Kerze braucht auch einen Docht.

Mit leeren Verpackungen lassen sich schnell wunderschöne Kerzen herstellen, bei denen man garantiert keine Angst vor Verbrennungen haben muss. Die Größen von Docht und Flamme passen Sie einfach der Kartongröße an.

Das brauchen Sie für die Kerze:
- leere Verpackung
- Fingerfarbe: rot (oder nach Wahl)
- Pinsel
- Tonkarton: gelb, schwarz
- Schere
- Klebstoff

So gestalten die Kinder ihre Kerze:
Wählen Sie einen Karton in der gewünschten Größe aus und lassen Sie die Kleinen diesen mit Pinsel und Fingerfarbe bemalen.
Für den Docht bereiten Sie einen schwarzen Streifen vor und für die Flamme ein gelbes Quadrat. Die Kinder schneiden vom Streifen ein Stück ab, am Quadrat schneiden sie drei Ecken ab. Die Flamme kleben sie an den Docht. Die andere Dochtseite knicken sie etwa 1 cm weit um und befestigen diesen auf diese Weise an der getrockneten Schachtel. Fertig ist die Weihnachtskerze.

TIPP:
Zum Dekorieren der Kerzen können Sie Naturmaterial verwenden oder diese in eine schöne Schale stellen und mit Tannenzweigen oder Ähnlichem arrangieren.

So sehen die fertigen Weihnachtskerzen aus.

GUT ZU WISSEN:
Für die Kerzen eignen sich leere, längliche Verpackungen gut (z. B. von Zahnpasta, Parfum etc.). Da diese auf der Außenseite bedruckt sind, trennen Sie einfach mit einem Messer die geklebten Seitenteile auseinander, falten die Verpackung auf links und kleben sie erneut zusammen. Nun lässt sich die Verpackung prima bemalen.

Indianerjunge

Aus einer leeren Toilettenpapierrolle lässt sich ein kleiner Indianerjunge mit tollem Federschmuck herstellen.

Das brauchen Sie für den Indianer:
- leere Toilettenpapierrolle
- Fingerfarbe: braun
- Pinsel
- Tonkarton: braun, weiß, rot, schwarz, blau
- Bastelfedern
- Schere
- Klebstoff
- Locher
- Klebeband
- Stoffband: braun (alternativ: Stoffreste)

So gestalten die Kinder ihren Indianer:

Für den Körper:
Die Kleinen bemalen die Toilettenpapierrolle mit brauner Fingerfarbe und lassen sie anschließend trocknen.

Für den Kopf:
Bereiten Sie ein braunes, 5 x 5 cm großes Quadrat vor (Kopf), einen weißen, 1 cm breiten Streifen (Augen), einen roten Kreis mit 2 cm Durchmesser (Mund) und einen blauen, 0,5 cm breiten Streifen (Stirnband). Die Kinder schneiden am Kopf alle vier Ecken ab. Vom weißen Streifen schneiden sie zwei Stücke als Augen ab und kleben schwarze Locherpunkte als Pupillen auf. Den Kreis schneiden sie mittig durch und verwenden eine Hälfte davon als Mund. Für das Stirnband schneiden sie ein Stück des blauen Streifens ab. Die Einzelteile des Gesichtes setzen die Kinder mit Klebstoff zusammen. Ein brauner Locherpunkt dient als Nase. Eine Bastelfeder in der gewünschten Farbe fixieren sie mit Klebeband von hinten am Kopf.

Für Arme und Lendenschurz:
Schneiden Sie einen braunen, 1,5 x 12 cm langen Streifen zu (Arme) sowie einen Kreis mit 2 cm Durchmesser (Hände). Die Kleinen schneiden beides mittig durch und setzen Arme und Hände mit Klebstoff zusammen. Ein Stück des Stoffbandes kleben Sie als Lendenschurz um die getrocknete Rolle. Dann befestigen die Kinder die Arme und den Kopf an der Rolle. Fertig ist der kleine Indianerjunge.

Der Bauch wird braun bemalt.

Jetzt wird eine schöne Feder für den Kopfschmuck ausgesucht.

Der Indianer und sein Tipi

GUT ZU WISSEN:
Stecken Sie in einen umgedrehten Tontopf einige Holzspieße als Zeltstangen und schneiden Sie aus braunem Tonpapier eine Tür zu – schon hat der Indianer ein richtiges Tipi.

Kleines Watteschaf

Ein kuscheliges Schaf können die Kinder aus einer leeren Toilettenpapierrolle und etwas Watte herstellen.

Das brauchen Sie für das Schaf:
- leere Toilettenpapierrolle
- Watte (optional: weiße Märchenwolle)
- Tonkarton: weiß, schwarz, rot
- Schere
- Klebstoff
- Locher

So gestalten die Kinder ihr Schaf:

Für den Körper:
Die Kleinen bekleben die Toilettenpapierrolle mit der Watte und stellen auf diese Weise den Bauch für ihr Wollschaf her.

Für den Kopf:
Bereiten Sie ein weißes, 6 x 6 cm großes Quadrat vor (Kopf), einen schwarzen, 1 cm breiten Streifen (Augen), einen roten Kreis mit 2 cm Durchmesser (Mund) und zwei weiße, 5 x 2 cm großen Rechtecke (Ohren).
Die Kinder schneiden am Kopf alle vier Ecken ab. Vom schwarzen Streifen schneiden sie zwei Stücke als Augen ab und kleben weiße Locherpunkte als Pupillen auf. Den Kreis schneiden sie mittig durch und verwenden eine Hälfte davon als Mund. An den Ohren schneiden die Kleinen auf je einer schmalen Seite beide Ecken ab. Die Einzelteile des Gesichtes setzen sie mit Klebstoff zusammen. Einen roten Locherpunkt befestigen sie als Nase.
Den Kopf fixieren die Kinder am Körper und fertig ist das kleine Wollschaf.

„Das ist aber ein großes Stück Watte!"

Mit viel Geschick werden die Augen geklebt.

Zum Lochen der roten Nase braucht man viel Kraft.

Weich und kuschelig ist das kleine Schäflein geworden.

Wattepads

Einführung

Wattepads sind rund, weich und flauschig. Sie sind zudem kostengünstig in der Anschaffung, schnell besorgt und vielseitig einsetzbar. Auch zum Basteln kann man sie hervorragend verwenden und tolle Dinge daraus herstellen. Ob Vogel, Tintenfisch oder Schneemann – die Möglichkeiten sind vielseitig. Man kann die Pads leicht halbieren, indem man sie mittig durchschneidet, oder aber als Ganzes verwenden, indem sie als Nase, Kopf oder Körper eingesetzt werden. Durch ihre runde Form haben Sie immer einen perfekten Kreis beziehungsweise Halbkreis, welchen Sie zum kreativen Gestalten verwenden können. Zusätzlich verleiht die erhabene Struktur den Bastelmodellen einen plastischen Eindruck.

Je nach Bastelvorschlag werden die Pads weiß benutzt oder mit Wasserfarben bunt eingefärbt. Das Färben ist kinderleicht und selbst den Jüngsten gelingt es, die Watte mit einem Pinsel farbig zu betupfen. Gefärbte Wattepads lassen Sie am besten über Nacht trocknen. Gut geeignet sind flache Plastikteller oder andere wasserfeste Behälter. Nach dem Trocknen sind die gefärbten Pads sehr stabil und robust und können ohne Schwierigkeiten weiterverarbeitet werden.

Ganz gleich welche Bastelideen Sie aus den flauschigen Pads auch herstellen, sie lassen sich vielseitig verwenden und bereits Krippenkinder können daraus tolle Kunstwerke herstellen.

■ Wattepads lassen sich gut mit sehr flüssiger Wasserfarbe färben.

Aus zwei weißen Wattepads können die Kinder einen lustigen **Schneemann** herstellen, der sich auch noch kuschelig weich anfühlt.

Eine gefleckte **Kuh** erhält durch zwei gefärbte Pads „das gewisse Etwas".

Ob Wolle oder Geschenkband, eine **Qualle** aus einem Wattepad ist immer etwas Besonderes.

Aus einem halbierten Wattepad gestalten die Kinder einen **Vogel** zum Hängen oder Stecken.

Ein fröhliches **Glücksschweinchen** erhält seine Nase aus einem gefärbten Wattepad.

Probieren Sie und Ihre Kleinen die unterschiedlichen Einsatzmöglichkeiten mit den Wattepads aus.
Ich wünsche Ihnen viel Spaß dabei.

Flauschiger Schneemann

Mit Bedacht wird der Hut für den Schneemann zugeschnitten.

Das Lochen klappt schon mal prima!

Aus zwei Wattepads können die Kleinen im Handumdrehen einen Schneemann basteln, der sich sogar weich anfühlt.

Das brauchen Sie für den Schneemann:
- 2 Wattepads
- Tonpapier: schwarz, orange
- Papierbogen zum Aufkleben (blau, etwa DIN A4)
- Schere
- Locher
- Klebstoff
- optional: weißes Papier (Glanzpapier, Tonpapier o. Ä.)

So gestalten die Kinder ihren Schneemann:
Zunächst kleben die Kleinen die beiden Wattepads als Kopf und Bauch auf den blauen Papierbogen.
Bereiten Sie für den Hut einen 1 cm und einen 3,5 cm breiten schwarzen Streifen vor sowie ein orangefarbenes, 1,5 x 2,5 cm großes Rechteck für die Karottennase. Die Kinder schneiden vom breiten Streifen ein etwa 5 cm langes Stück ab, vom dünnen Streifen ein etwa 8 cm Stück.
Das orangefarbene Rechteck schneiden die Kleinen diagonal durch und verwenden eine Hälfte davon als Nase. Für Augen und Knöpfe stanzen die Kinder mit dem Locher fünf schwarze Punkte aus und befestigen sie auf den Wattepads.
Die Einzelteile des Schneemanns setzen sie mit Klebstoff zusammen.

Ein fertiger Schneemann in einer weißen Winterlandschaft

TIPP:
Am besten können die Kinder die Locherpunkte aufkleben, wenn Sie mit einem Stück Karton oder der Schere etwas Klebestift auf die Stellen geben, auf die die Punkte geklebt werden sollen. Auf diese Weise haben die Kleinen einen Anhaltspunkt, wo der Locherpunkt befestigt werden soll.

NOCH EIN TIPP:
Wer einen größeren Schneemann basteln möchte, nimmt einfach mehr Wattepads.

GUT ZU WISSEN:
Wenn Sie möchten, stellen Sie den Kindern weißes Papier zur Verfügung, das sie in Stücke reißen und als Schneelandschaft auf dem Papierbogen anbringen können. Dabei bleibt es Ihnen überlassen, ob Sie Glanzpapier, Tonpapier oder was auch immer verwenden möchten.

Schwarzweiße Kuh

Eine schwarzweiß gefleckte Kuh wird mit zwei Wattepads zum echten Blickfang.

Das brauchen Sie für die Kuh:

- 2 Wattepads
- Wasserfarbe: rot
- Pinsel
- flaches Gefäß (z. B. alten Plastikteller)
- Tonkarton: schwarz, weiß
- Schere
- Locher
- Klebstoff

So färben die Kinder die Wattepads:

Legen Sie die Pads in den Plastikteller und rühren Sie in einem Becher Wasser mit roter Wasserfarbe ziemlich verdünnt an. Die Kinder tupfen mit dem Pinsel die Farbe-Wasser-Mischung auf die Wattepads, bis diese vollständig gefärbt sind. Anschließend lassen sie sie trocknen, am besten über Nacht.

So gestalten die Kinder ihre Kuh:

Für den Kopf:
Bereiten Sie ein schwarzes, 6 x 8 cm großes Rechteck vor (Kopf), einen weißen, 1 cm breiten Streifen (Augen) und ein weißes, 1,5 x 2 cm großes Rechteck (Ohren). Die Kleinen schneiden auf einer schmalen Seite des Kopfes beide Ecken ab. Vom weißen Streifen schneiden sie zwei Stücke als Augen ab und kleben schwarze Locherpunkte als Pupillen auf. Das weiße Rechteck schneiden sie diagonal durch und verwenden die beiden Hälften als Ohren. Die Einzelteile des Gesichtes setzen sie mit Klebstoff zusammen. Eines der beiden getrockneten Wattepads fixieren sie als Schnauze am Kopf und kleben zwei schwarze Locherpunkte als Nasenlöcher auf.

Für den Körper:
Schneiden Sie ein schwarzes, 9 x 15 cm großes Rechteck zu (Bauch), zwei schwarze, 1,5 x 16 cm große Streifen (Beine) sowie zwei weiße, 0,5 cm und 1 cm breite Streifen (Schwanz/Flecken). Die Kinder schneiden am Bauch alle vier Ecken ab. Die beiden schwarzen Streifen schneiden sie mittig quer durch und verwenden alle vier entstandenen Hälften als Beine.

Vom dünnen, weißen Streifen schneiden die Kinder ein etwa 10 cm langes Stück als Schwanz ab und vom dicken Streifen beliebig viele Stücke als Flecken. Die Einzelteile des Körpers setzen sie mit Klebstoff zusammen und fixieren den Kopf daran. Das zweite Wattepad befestigen sie von hinten als Euter.

TIPP:

Wenn Sie das Schwanzende über eine geschlossene Scherenklinge ziehen, sieht der Schwanz noch plastischer aus!

Das Färben macht richtig Spaß.

Mit viel Fingerspitzengefühl erhält die Kuh ihre Augen.

So sieht die fertige Kuh aus.

Schwimmende Qualle

Mit einem blau gefärbten Wattepad lässt sich ganz leicht eine Qualle herstellen. Ob ihre langen Fangarme aus Wolle oder Geschenkband sein sollen, dürfen die Kinder selbst entscheiden.

Das brauchen Sie für die Qualle:
» 1 Wattepad
» Wasserfarbe: blau
» Pinsel
» flaches Gefäß (z. B. alten Plastikteller)
» Tonpapier: weiß, schwarz, rot
» Schere
» Locher
» Wolle oder Geschenkband: blau
» Klebstoff
» Klebeband

So gestalten die Kinder die Qualle:

Für den Körper:
Zunächst färben die Kleinen das Wattepad. Dazu legen sie es in den Plastikteller und betupfen es mit blauer Farbe, die mit wenig Wasser angerührt wurde. Je weniger Wasser sie verwenden, umso leuchtender wird später die Qualle. Das gefärbte Pad lassen sie am besten über Nacht trocknen.

Für das Gesicht:
Bereiten Sie einen weißen, 1,5 cm breiten Streifen vor (Augen) sowie einen roten Kreis mit 2 cm Durchmesser (Mund). Die Kleinen schneiden zwei Stücke des weißen Streifens ab und verwenden diese als Augen. Zwei schwarze Locherpunkte kleben sie als Pupillen auf. Den Kreis schneiden sie mittig durch und verwenden eine Hälfte davon als Mund. Die Einzelteile des Gesichtes setzen die Kinder mit Klebstoff zusammen, einen roten Locherpunkt fixieren sie als Nase.

Für die Tentakel:
Jeder darf selbst entscheiden, ob er Wolle oder Geschenkband als Fangarme verwenden möchte. Vom gewählten Material schneiden die Kinder beliebig viele Stücke ab und befestigen sie mit Klebeband von hinten am Wattepad. Und soll die Qualle eine andere Farbe bekommen, einfach eine andere Wasserfarbe und Fäden/Bänder verwenden.

■ Das Wattepad wird blau.

■ Zuerst werden die Augen geschnitten.

■ Lochen kann ziemlich anstrengend sein.

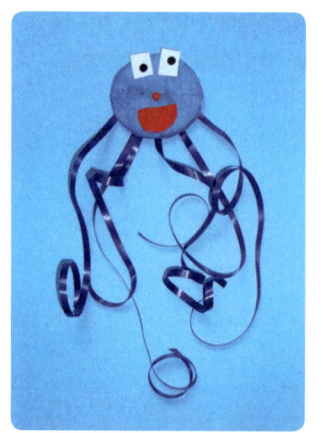

■ So sehen die fertigen Quallen aus.

Kleiner Vogelanhänger

Im Handumdrehen können die Kinder einen wunderschönen Vogel gestalten, der sich z. B. als Anhänger für einen Frühlingsstrauß verwenden lässt.

Das brauchen Sie für den Vogelanhänger:
- 1 Wattepad
- Tonkarton: weiß, schwarz, rot
- Bastelfedern: weiß
- Schere
- Klebstoff
- Locher
- Nadel
- Nylonfaden

So gestalten die Kinder ihren Vogelanhänger:

Für den Kopf:
Bereiten Sie ein weißes, 3 x 3 cm großes Quadrat vor (Kopf) sowie ein rotes, 2 x 4 cm großes Rechteck (Schnabel). Die Kleinen schneiden am Kopf alle vier Ecken ab. Das Rechteck schneiden sie diagonal durch und verwenden eine Hälfte davon als Schnabel. Die Einzelteile des Gesichtes setzen die Kinder mit Klebstoff zusammen. Einen schwarzen Locherpunkt befestigen sie als Auge.

Für den Körper:
Die Kleinen schneiden das Wattepad mittig durch und verwenden eine Hälfte davon als Bauch. Auf jeder Seite fixieren sie eine Bastelfeder als Flügel.
Den Kopf kleben die Kinder an den Körper und fertig ist das kleine Vögelchen. Um es als Anhänger zu verwenden, fädeln Sie mithilfe einer Nadel einen Nylonfaden oben durch das Pad, welchen Sie verknoten.

> **GUT ZU WISSEN:**
> Wenn Sie möchten, können Sie anstatt des Nylonfadens auch einen Holzspieß auf der Rückseite des Vogels befestigen, am einfachsten mit Klebeband. Jetzt lässt sich der Vogel z. B. als hübsche Dekoration in einen Blumentopf stecken.

■ Zuerst wird der Kopf zugeschnitten.

■ Schon den Jüngsten macht das Lochen viel Spaß.

■ Jetzt braucht das Vögelchen seine Federn.

■ So sieht der fertige Vogel aus.

Glücksschweinchen

Ein lustiges Schweinchen erhält seine typische Nase aus einem gefärbten Wattepad und sieht mit seinem kleinen Ringelschwanz beinahe wie ein echtes Ferkel aus.

Das brauchen Sie für das Glücksschweinchen:
» 1 Wattepad
» Wasserfarbe: rot
» Pinsel
» flaches Gefäß (z. B. alten Plastikteller)
» Tonkarton: rosa, weiß, rot, schwarz
» Schere
» Klebstoff
» Locher
» Klebeband

So gestalten die Kinder ihr Glücksschweinchen:

Für die Nase:
Die Kinder färben ein Wattepad mit roter Wasserfarbe und sehr viel Wasser ein und lassen es über Nacht trocknen.

Für den Kopf:
Schneiden Sie ein rosafarbenes, 12 x 12 cm großes Quadrat zu (Kopf), einen weißen, 2 cm breiten Streifen (Augen) und ein rosafarbenes, 5 x 5 cm großes Quadrat (Ohren).
Die Kleinen schneiden am Kopf alle vier Ecken ab. Vom weißen Streifen schneiden sie zwei Stücke als Augen ab und kleben schwarze Locherpunkte als Pupillen auf. Das kleine Quadrat schneiden sie diagonal durch und verwenden beide Hälften als Ohren. Die Einzelteile des Gesichtes setzen sie mit Klebstoff zusammen. Das getrocknete Wattepad fixieren sie als Nase und kleben zwei rote Locherpunkte als Nasenlöcher auf.

Für den Körper:
Bereiten Sie ein rosafarbenes, 14 x 20 cm großes Rechteck vor (Bauch) sowie vier 4 x 10 cm große Rechtecke (Beine) und einen 0,5 cm breiten Streifen (Schwanz). Die Kleinen schneiden am Bauch alle vier Ecken ab. Die Beine schneiden sie jeweils auf einer schmalen Seite schräg zu und vom dünnen Streifen schneiden sie ein Stück als Schwanz ab. Die Einzelteile des Körpers setzen sie mit Klebstoff zusammen und befestigen den Kopf daran. Um den typischen Schweinschwanz zu erhalten, ziehen Sie diesen über eine Schere, bis er sich kringelt, und fixieren ihn mit Klebeband auf der Rückseite des Schweinchens. Diesen Arbeitsschritt müssen Sie übernehmen!

● Die Schweinenase wird rosa gefärbt.

● Alle Ecken müssen abgeschnitten werden.

● So sieht das rosa Glücksschweinchen aus.

GUT ZU WISSEN:
Anstatt den Schweineschwanz aus Papier anzufertigen, können Sie auch rosafarbenes Geschenkband verwenden, das sich hervorragend kräuselt.

Medientipps

Weitere Bücher der Autorin

Danner, Eva; Vogel, Beate:
Mit Krippenkindern durch das Jahr!
15 kleine Projekte für Kinder unter 3.
Verlag an der Ruhr, 2010–2014.
Bd. 1: ISBN 978-3-8346-0718-8
Bd. 2: ISBN 978-3-8346-2226-6
Bd. 3: ISBN 978-3-8346-2558-8

Danner, Eva:
Krippenkinder entdecken die Sprache.
Geschichten, Fingerspiele, Lieder, Kniereiter und Co. für das ganze Jahr.
1–3 J. Verlag an der Ruhr, 2013.
ISBN 978-3-8346-2416-1

Danner, Eva:
Mit Krippenkindern in Bewegung!
Mitmachideen, Bewegungsspiele und Massagegeschichten für das ganze Jahr.
1–3 J. Verlag an der Ruhr, 2011.
ISBN 978-3-8346-0853-6

Danner, Eva:
Von Elfen, Wichteln und Zauberern –
Fantasievolles für den Morgenkreis.
3–6 J. Verlag an der Ruhr, 2015.
ISBN 978-3-8346-2891-6

Kleine Künstler

Weigelt, Heike:
Krippenkinder machen Kunst mit Fingerfarben.
30 Aktionen zum Tunken, Klecksen und Gestalten.
1–3 J. Verlag an der Ruhr, 2014.
ISBN 978-3-8346-2546-5

König, Birgit; Schroers, Astrid:
Praxis Kindertagespflege: Kreatives Gestalten.
Mit vielen Tipps, Beispielen & Materialien.
Hg. von Hinke-Ruhnau, Jutta.
Cornelsen Verlag Scriptor, 2014.
ISBN 978-3-589-24877-3

Hintergrundwissen

Neuß, Norbert (Hrsg.):
Grundwissen Krippenpädagogik.
Ein Lehr- und Arbeitsbuch. 3. überarb. Aufl.
Cornelsen Verlag Scriptor, 2014.
ISBN 978-3-589-24889-6

Bezugsquellen für Materialien

www.betzold.de
www.piccolino.de/
www.wehrfritz.de
Hier finden Sie alles, was Sie zum Kreativwerden mit Krippenkindern brauchen.

www.prodana.de
www.echtkind.de/malen-basteln
www.oekonorm.com/
Hier finden Sie ökologische Produkte, z. B. Stifte, Farben oder Knetmasse.

Weitere Informationen und Blick ins Buch unter www.verlagruhr.de

Verlag an der Ruhr
Keiner darf zurückbleiben

100 Spiele für ein gutes Miteinander
Sozial-emotionale Kompetenzen in der Krippe fördern
1–3 Jahre, 112 S., 17 x 24 cm
Best.-Nr. 978-3-8346-2898-5

- 100 Kontakt-, Kooperations-, Bewegungs- und Wahrnehmungsspiele
- Zur Stärkung der sozial-emotionalen Kompetenz

Signalkarten für die Krippe
0–3 Jahre, 40 S., A4, Kartei-Karten
Best.-Nr. 978-3-8346-2544-1

- Spezielle Karten für Unter-Dreijährige – abgestimmt auf die Besonderheiten im Krippenalltag
- Einzeln nutzbare „Liebe Eltern, denkt an …"- Karten helfen dem Erinnerungsvermögen der Eltern spielend auf die Sprünge
- Übergänge im Tagesablauf auch mal ohne viele Worte gestalten

Der Bert mag gern Bananenbrei, die Lilli lieber Spiegelei …
Neue Klanggeschichten für die Krippe
1–3 Jahre, 72 S., A5 quer
Best.-Nr. 978-3-8346-2890-9

- Einfach einsetzbare Klanggeschichten für die Sprachförderung
- Für den Morgenkreis oder zwischendurch
- Mit zahlreichen detaillierten Anleitungen zur Durchführung

Mit Krippenkindern durch das Jahr! Band 3
15 kleine Projekte für Kinder unter 3
1–3 Jahre, 96 S., A4
Best.-Nr. 978-3-8346-2558-8

- Der dritte Band in der Bestseller-Reihe „Mit Krippenkindern durch das Jahr!"
- Aus der Praxis für die Praxis: neue, ganzheitliche Mini-Projekte für die Kleinsten!
- Mit anschaulichen Fotos zum Sich-Anregen-Lassen und Sofort-Nachmachen

Krippenkinder machen Kunst – mit Fingerfarben!
30 Aktionen zum Tunken, Klecksen und Gestalten
1–3 Jahre, 72 S., A4
Best.-Nr. 978-3-8346-2546-5

Fotos von Fingerfarben-Kunstwerken machen Lust auf Matschen, Manschen, Kleckern und Klecksen – einfach inspirieren lassen und sofort loslegen

Summen, brummen, kriechen, krabbeln
Krippenkinder entdecken Tiere auf der Wiese
1–4 Jahre, 72 S., A4
Best.-Nr. 978-3-8346-2556-4

- Informationen zu 9 Wiesentieren für Kita- Spaziergänge oder Tierprojekte!
- Mit bunt illustrierten Bildgeschichten, Ausmalvorlagen sowie Bewegungs-, Bastel- und Spielideen für Kinder unter 3 Jahren

Mehr Informationen unter: www.verlagruhr.de Jetzt portofrei online bestellen!*
*gilt für alle Internetbestellungen innerhalb Deutschland